Illisibilité partielle

VALABLE POUR TOUT OU PARTIE DU DOCUMENT REPRODUIT

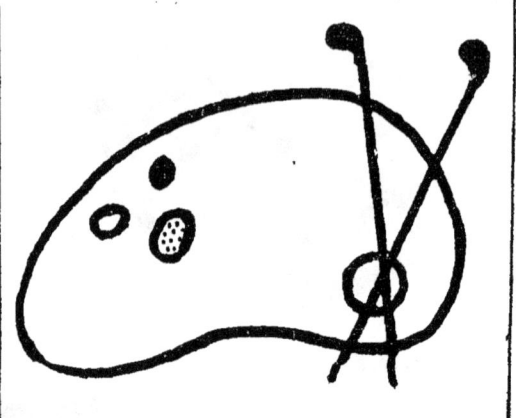
Couvertures supérieure et inférieure
en couleur

COUVERTURES SUPERIEURE ET INFERIEURE D'IMPRIMEUR.

982

COLLECTION MICHEL LÉVY

ŒUVRES COMPLÈTES

D'ALEXANDRE DUMAS

EMMA LYONNA

II

ŒUVRES COMPLÈTES D'ALEXANDRE DUMAS
PUBLIÉES DANS LA COLLECTION MICHEL LÉVY

Acté	1
Amaury	1
Ange Pitou	2
Ascanio	2
Une Aventure d'amour	2
Aventures de John Davys	2
Les Baleiniers	2
Le Bâtard de Mauléon	3
Black	1
Les Blancs et les Bleus	3
La Bouillie de la comtesse Berthe	1
La Boule de neige	1
Bric-à-Brac	2
Un Cadet de famille	3
Le Capitaine Pamphile	1
Le Capitaine Paul	1
Le Capitaine Rhino	1
Le Capitaine Richard	1
Catherine Blum	1
Causeries	2
Cécile	1
Charles le Téméraire	2
Le Chasseur de sauvagine	1
Le Château d'Eppstein	2
Le Chev. d'Harmental	2
Le Chevalier de Maison-Rouge	2
Le Collier de la reine	3
La Colombe	1
Les Compagnons de Jéhu	3
Le Comte de Monte-Cristo	6
La Comtesse de Charny	6
La Comtesse de Salisbury	2
Les Confessions de la marquise	2
Conscience l'innocent	2
Création et rédemption :	
— Le Docteur mystérieux	2
— La Fille du marquis	2
La Dame de Monsoreau	3
La Dame de Volupté	2
Les Deux Diane	3
Les Deux Reines	2
Dieu dispose	2
Les Drames galants — La Marquise d'Escoman	2
Le Drame de Quatre-Vingt-Treize	3
Les Drames de la mer	1
Emma Lyonna	5
La Femme au collier de velours	1
Fernande	1
Une Fille du régent	1
Filles, Lorettes et Courtisanes	1
Le Fils du forçat	1
Les Frères corses	1
Gabriel Lambert	1
Les Garibaldiens	1
Gaule et France	1
Georges	1
Gil Blas en Californie	1
Les Grands Hommes en robe de chambre :	
— César	2
— Henri IV, Richelieu, Louis XIII	2
La Guerre des femmes	2
Histoire d'un casse-noisette	1
L'Homme aux Contes	1
Les Hommes de fer	1
L'Horoscope	1
L'Ile de feu	2
Impressions de voyage :	
— Une année à Florence	1
— L'Arabie Heureuse	3
— Les bords du Rhin	1
— Le Capitaine Aréna	2
— Le Caucase	3
— Le Corricolo	2
— Le Midi de la France	4
— De Paris à Cadix	2
— Quinze jours au Sinaï	1
— En Russie	8
— En Suisse	3
— Le Speronare	2
— La Villa Palmieri	1
— Le Véloce	2
Ingénue	2
Isabel de Bavière	2
Italiens et Flamands	1
Ivanhoe de Walter Scott (trad)	2
Jacques Ortis	1
Jacquot sans Oreilles	1
Jane	1
Jehane la Pucelle	1
Louis XIV et son Siècle	4
Louis XV et sa Cour	2
Louis XVI et la Révolution	2
Les Louves de Machecoul	3
Madame de Chamblay	2
La Maison de glace	2
Le Maître d'armes	1
Les Mariages du père Olifus	1
Les Médicis	1
Mes Mémoires	10
Mémoires de Garibaldi	2
Mémoires d'une aveugle	2
Mém. d'un médecin :	
J. Balsamo	5
Le Meneur de loups	1
Les Mille et un Fantômes	1
Les Mohicans de Paris	4
Les Morts vont vite	2
Napoléon	1
Une Nuit à Florence	1
Olympe de Clèves	3
Le Page du duc de Savoie	2
Parisiens et Provinciaux	2
Le Pasteur d'Ashbourn	1
Pauline et Pascal Bruno	1
Un Pays inconnu	1
Le Père Gigogne	2
Le Père la Ruine	1
Le Prince des Voleurs	2
La Princesse de Monaco	2
La Princesse Flora	1
Les Quarante-Cinq	3
La Régence	1
La Reine Margot	2
Robin Hood le proscrit	2
La Route de Varennes	1
Le Salteador	1
Salvator (suite et fin des Mohicans de Paris)	5
La San-Felice	4
Souvenirs d'Antony	1
Les Stuarts	1
Sultanetta	1
Sylvandire	1
La Terreur prussienne	2
Le Testament de M. Chauvelin	1
Théâtre Complet	25
Trois Maîtres	1
Les Trois Mousquetaires	2
Le Trou de l'Enfer	1
La Tulipe noire	1
Le Vte de Bragelonne	6
La Vie au désert	2
Une Vie d'artiste	1
Vingt ans après	3

Poissy. — Typ. S. Lejay et Cie.

EMMA LYONNA

PAR

ALEXANDRE DUMAS

II

PARIS
CALMANN LÉVY, ÉDITEUR
ANCIENNE MAISON MICHEL LÉVY FRÈRES
RUE AUBER, 3, ET BOULEVARD DES ITALIENS, 15
A LA LIBRAIRIE NOUVELLE
—
1876
Droits de reproduction et de traduction réservés

EMMA LYONNA

XXIII

UN GRAIN.

On n'a pas oublié qu'après avoir été retenu depuis le 21 jusqu'au 23 janvier dans le port de Naples par les vents contraires, Nelson, profitant d'une forte brise du nord-ouest, avait enfin pu appareiller vers les trois heures de l'après-midi, et que la flotte anglaise, le même soir, avait disparu dans le crépuscule, à la hauteur de l'île de Capri.

Fier de la préférence dont il était l'objet de la part de la reine, Nelson avait tout fait pour reconnaître cette faveur, et, depuis trois jours, lorsque les augustes fugitifs vinrent lui demander l'hospitalité, toutes les dispositions étaient prises à bord du *Vanguard* pour que cette hospitalité fût la plus confortable possible.

Ainsi, tout en conservant pour lui sa chambre de la dunette, Nelson avait fait préparer, pour le roi, pour la reine et pour les jeunes princes, la grande chambre des officiers à l'arrière de la batterie haute. Les canons avaient disparu dans des draperies, et chaque intervalle était devenu un appartement orné avec la plus grande élégance.

Les ministres et les courtisans auxquels le roi avait fait l'honneur de les emmener à Palerme, étaient logés, eux, dans le carré des officiers, c'est-à-dire dans la partie de l'entre-pont autour de laquelle sont les cabines.

Caracciolo avait fait encore mieux : il avait cédé son propre appartement au prince royal et à la princesse Clémentine, et le carré des officiers à leur suite.

La saute de vent, à l'aide de laquelle Nelson avait pu lever l'ancre, avait eu lieu, comme nous l'avons dit, entre trois et quatre heures de l'après-midi. Il avait passé — nous parlons du vent — du sud à l'ouest-nord-ouest.

A peine Nelson s'était-il aperçu de ce changement, qu'il avait donné à Henry, son capitaine de pavillon, qu'il traitait en ami plutôt qu'en subordonné, l'ordre d'appareiller.

— Faut-il nous élever beaucoup au large de Capri? demanda le capitaine.

— Avec ce vent-là, c'est inutile, répondit Nelson. Nous naviguerons grand largue.

Henry étudia un instant le vent et secoua la tête

— Je ne crois pas que ce vent-là soit fait, dit-il.

— N'importe, profitons-en tel qu'il est... Quoique je sois prêt à mourir et à faire tuer mes hommes, depuis le premier jusqu'au dernier, pour le roi et la famille royale, je ne verrai Leurs Majestés véritablement en sûreté que quand elles seront à Palerme.

— Quels signaux faut-il faire aux autres bâtiments?

— D'appareiller comme nous et de naviguer dans nos eaux, route de Palerme, manœuvre indépendante.

Les signaux furent faits, et, on l'a vu, l'appareillage eut lieu.

Mais, à la hauteur de Capri, en même temps que la nuit, le vent tomba, donnant raison au capitaine de pavillon Henry.

Ce moment d'accalmie donna le temps aux illustres fugitifs, malades et tourmentés depuis trois jours par le mal de mer, de prendre un peu de nourriture et de repos.

Inutile de dire qu'Emma Lyonna n'avait point

suivi son mari dans le carré des officiers, mais était restée près de la reine.

Aussitôt le souper fini, Nelson, qui y avait assisté, remonta sur le pont. Une partie de la prédiction de Henry s'était déjà accomplie, puisque le vent était tombé, et il craignait pour le reste de la nuit, sinon une tempête, du moins quelque grain.

Le roi s'était jeté sur son lit, mais ne pouvait dormir. Ferdinand n'était pas plus marin qu'homme de guerre. Tous les sublimes aspects et tous les grands mouvements de la mer, qui font le rêve des esprits poétiques, lui échappaient entièrement. De la mer, il ne connaissait que le malaise qu'elle donne et le danger dont elle menace.

Vers minuit donc, voyant qu'il avait beau se retourner sur son lit, lui auquel le sommeil ne faisait jamais défaut, il se jeta à bas de son cadre, et, suivi de son fidèle Jupiter, qui avait partagé et partageait encore le malaise de son maître, sortit par le panneau de commandement et prit un des deux escaliers de la dunette.

Au moment où sa tête dépassait le plancher, il vit à trois pas de lui Nelson et Henry, qui semblaient interroger l'horizon avec inquiétude.

— Tu avais raison, Henry, et ta vieille expérience ne t'avait point trompé. Je suis un soldat de mer;

mais, toi, tu es un homme de mer. Non-seulement le vent n'a point tenu, mais nous allons avoir un grain.

— Sans compter, milord, répondit Henry, que nous sommes en mauvaise position pour le recevoir. Nous aurions dû faire même route que la *Minerve*.

Nelson ne put réprimer un mouvement de mauvaise humeur.

— Je n'aime pas plus que Votre Seigneurie cet orgueilleux Caracciolo qui la commande; mais il faut convenir, milord, que le compliment que vous vouliez bien me faire tout à l'heure, lui aussi le mérite. C'est un véritable homme de mer, et la preuve, c'est qu'en passant entre Capri et le cap Campanella, il a au vent Capri, — qui va adoucir pour lui la violence du grain que nous recevrons, sans en perdre une goutte de pluie ni une bouffée de vent, — et sous le vent tout le golfe de Salerne.

Nelson se tourna avec inquiétude vers la masse noire qui se dressait devant lui et qui, du côté du sud-ouest, ne présente aucun abri.

— Bon! dit-il, nous sommes à un mille de Capri.

— Je voudrais en être à dix milles, dit Henry entre ses dents, mais pas assez bas, cependant, pour que Nelson ne l'entendît pas.

Une rafale d'ouest passa, précurseur du grain dont parlait Henry.

— Faites amener les perroquets et serrez le vent.

— Votre Seigneurie ne craint point pour la mâture? demanda Henry.

— Je crains la côte, voilà tout, répondit Nelson.

Henry, de cette voix pleine et sonore du marin qui commande aux vents et aux flots, répéta le commandement, qui s'adressait à la fois aux matelots de quart et au timonier :

— Amenez les perroquets! Lofez!

Le roi avait entendu cette conversation et ce commandement sans y rien comprendre; seulement, il avait deviné qu'on était menacé d'un danger et que ce danger venait de l'ouest.

Il acheva donc de monter sur la dunette, et, quoique Nelson n'entendît guère mieux l'italien que, lui, Ferdinand, n'entendait l'anglais, il lui demanda :

— Est-ce qu'il y a du danger, milord?

Nelson s'inclina, et, se tournant vers Henry :

— Je crois que Sa Majesté me fait l'honneur de m'interroger, dit-il. Répondez, Henry, si vous avez compris ce qu'a demandé le roi.

— Il n'y a jamais de danger, sire, répondit Henry, sur un bâtiment commandé par milord Nelson, parce que sa prévoyance va au-devant de tous les dangers ; seulement, je crois que nous allons avoir un grain.

— Un grain de quoi? demanda le roi.

— Un grain de vent, répondit Henry ne pouvant s'empêcher de sourire.

— Je trouve le temps assez beau cependant, dit le roi en regardant, au-dessus de sa tête, la lune qui glissait sur un ciel ouaté de nuages laissant entre eux des intervalles d'un bleu foncé.

— Ce n'est point au-dessus de notre tête qu'il faut regarder, sire. C'est là-bas, à l'horizon, devant nous. Votre Majesté voit-elle cette ligne noire qui monte lentement dans le ciel et qui n'est séparée de la mer, aussi sombre qu'elle, que par un trait de lumière, qui semble un fil d'argent? Dans dix minutes, elle éclatera au-dessus de nous.

Une seconde bouffée de vent passa, chargée d'humidité ; sous sa pression, le *Van-Guard* s'inclina et gémit.

— Carguez la grande voile! dit Nelson laissant Henry continuer la conversation avec le roi et jetant ses commandements sans transmission intermédiaire. Hâlez bas le grand foc!

Cette manœuvre fut exécutée avec une promptitude qui indiquait que l'équipage en comprenait l'importance, et le vaisseau, déchargé d'une partie de sa toile, navigua sous sa brigantine, sous ses trois huniers et sous son petit foc.

Nelson se rapprocha de Henry et lui dit quelques mots en anglais.

— Sire, dit Henry, Sa Seigneurie me prie de faire observer à Votre Majesté que, dans quelques minutes, le grain va s'abattre sur nous, et que, si elle reste sur le pont, la pluie n'aura pas plus de respect pour elle que pour le dernier de nos midshipmen.

— Puis-je rassurer la reine et lui dire qu'il n'y a pas de danger? demanda le roi, qui n'était point fâché d'être rassuré lui-même en passant.

— Oui, sire, répondit Henry. Avec l'aide de Dieu, milord et moi répondons de tout.

Le roi descendit, toujours suivi de Jupiter, qui, soit redoublement de malaise, soit pressentiment comme en ont parfois les animaux à l'approche du danger, le suivit en gémissant. Comme l'avait annoncé Henry, quelques minutes s'étaient à peine écoulées, que le grain s'abattait sur le *Van-Guard* et qu'avec un effroyable accompagnement de tonnerre et un déluge de pluie, il déclarait la guerre à toute la flotte.

Ferdinand jouait de malheur : après qu'il avait été

trahi par la terre, la mer à son tour le trahissait.

Malgré l'assurance que lui avait donnée le roi en descendant près d'elle, la reine, aux premières secousses qu'éprouva le vaisseau et aux premiers gémissements qu'il poussa, comprit que le *Van-Guard* était aux prises avec l'ouragan. Placée immédiatement au-dessous du pont, elle entendait sans en rien perdre ce piétinement pressé et irrégulier des matelots qui indique le danger par les efforts que l'on fait pour lutter contre lui. Elle était assise sur son lit, avec toute sa famille groupée autour d'elle, et Emma, comme d'habitude, couchée à ses pieds.

Lady Hamilton, épargnée par le mal de mer, s'était entièrement vouée aux soins à donner à la reine, aux jeunes princesses et aux deux jeunes princes, Albert et Léopold. Elle ne se levait des pieds de la reine que pour donner une tasse de thé aux uns, un verre d'eau sucrée aux autres, pour embrasser au front sa royale amie, en lui disant quelques-unes de ces paroles qui rendent le courage en indiquant le dévouement.

Au bout d'une demi-heure, Nelson descendit à son tour. Le grain était passé; mais un grain qui n'est parfois qu'un simple accident destiné à épurer le ciel, est parfois aussi l'avant-coureur d'une tempété. Il ne pouvait donc dire à la reine que tout était fini et lui promettre une nuit parfaitement tranquille.

Sur son invitation, il s'assit et prit une tasse de thé. Les enfants de la reine, le jeune prince Albert excepté, s'étaient endormis, et la fatigue et l'insouciance de l'âge, avaient triomphé de la crainte qui, autant que le malaise, tenait leurs parents éveillés.

Nelson était depuis un quart d'heure à peu près dans la grande chambre, et, depuis cinq minutes déjà, il semblait interroger les mouvements du vaisseau, lorsque l'on gratta à la porte, et que, sur l'invitation de la reine, cette porte s'ouvrant, un jeune officier parut sur le seuil.

C'était évidemment pour Nelson qu'il venait.

— C'est vous, monsieur Parkenson? dit l'amiral. Qu'y a-t-il?

— Milord, c'est M. le capitaine Henry, répondit le jeune homme, qui m'envoie dire à Votre Seigneurie que, depuis cinq minutes, les vents ont passé au sud, et que, si nous continuons la même bordée, nous serons jetés sur Capri.

— Eh bien, dit Nelson, virez de bord.

— Milord, la mer est dure, le navire fatigue et a perdu toute sa vitesse.

— Ah! ah! dit Nelson. Et vous avez peur de manquer à virer?

— Le navire cule.

Nelson se leva, salua la reine et le roi avec un sourire, et suivit le lieutenant.

Le roi, nous l'avons dit, ne savait pas l'anglais; la reine le savait; mais, les termes de marine ne lui étant pas familiers, elle avait compris seulement qu'il venait de surgir un nouveau danger; elle interrogea Emma des yeux.

— Il paraît, répondit Emma, qu'il y a à exécuter une manœuvre difficile, et qu'on n'ose le faire en l'absence de milord.

La reine fronça le sourcil et poussa une espèce de gémissement; Emma, chancelant sur le plancher mobile, alla écouter à la porte.

Nelson, qui comprenait le danger, était remonté vivement sur la dunette. Le vent, comme l'avait dit le lieutenant Parkenson, avait sauté au sud; il faisait sirocco, et le bâtiment avait le vent complétement debout.

L'amiral jeta un regard rapide et inquiet autour de lui. Le temps, nuageux toujours, s'était cependant éclairci. Capri se dessinait à bâbord, et l'on s'en était approché au point de distinguer, à la pâle lueur de la lune, tamisée à travers les nuages, les points blancs indiquant les maisons. Mais ce que l'on distinguait surtout, c'était une large frange d'écume blanchissant sur toute la longueur de l'île et indiquant avec quelle fureur la vague s'y brisait.

A peine Nelson eut-il jeté un coup d'œil autour de lui, qu'il jugea la situation. Le vent du sud avait masqué la voilure : les mâts, surchargés de toile, craquaient. De sa voix bien connue de l'équipage, il cria :

— Changez la barre ! changez derrière !

Et, s'adressant au capitaine Henry :

— Virons en culant ! ajouta-t-il.

La manœuvre était hasardeuse. Si le vaisseau manquait son abattée, il était jeté à la côte.

A peine fut-elle commencée, qu'on eût cru que le vent et la mer avaient compris le commandement de Nelson et s'entendaient pour s'y opposer. La voile du petit hunier pesant de plus en plus sur le mât de hune, le mât plia comme un roseau et fit entendre un craquement terrible. S'il se rompait, le bâtiment était perdu.

En ce moment d'angoisses, Nelson sentit quelque chose peser légèrement à son bras gauche. Il tourna la tête : c'était Emma.

Ses lèvres s'appuyèrent au front de la jeune

femme avec une fiévreuse énergie, et, frappant du pied, comme si le navire eût pu l'entendre :

— Vire donc! murmura-t-il, vire donc!

Le navire obéit. Il fit son abattée, et, après quelques minutes de doute, se trouva courant, bâbord amures, à l'ouest-nord-ouest.

— Bon! murmura Nelson en respirant, nous avons maintenant cent cinquante lieues de mer devant nous avant de rencontrer la côte.

— Ma chère lady Hamilton, dit une voix, ayez la bonté de me traduire en italien ce que vient de dire milord.

Cette voix était celle du roi, qui, ayant vu sortir Emma, l'avait suivie, et, derrière elle, était monté sur la dunette.

Emma lui donna l'explication des paroles de Nelson.

— Mais, dit le roi, qui n'avait aucune notion de l'art maritime, il me semble que nous n'allons point en Sicile et qu'au contraire le bâtiment, comme disent les marins, a le cap sur la Corse.

Emma transmit à Nelson l'observation du roi.

— Sire, répondit Nelson avec une certaine impatience, nous nous élevons au vent pour courir des bordées, et, si Sa Majesté me fait l'honneur de rester sur la dunette, elle va, dans vingt minutes, nous voir virer de bord et rattraper le temps et le chemin que nous avons perdus.

— Virer de bord? Oui, je comprends, dit le roi : c'est faire ce que vous venez de faire tout à l'heure. Mais est-ce que vous ne pourriez pas virer de bord un peu moins souvent? Tout à l'heure, il m'a semblé que vous m'arrachiez l'âme.

— Sire, si nous étions dans l'Atlantique et que, vent debout, j'allasse des Açores à Rio-de-Janeiro, je ferais, pour épargner à Votre Majesté une indisposition à laquelle je suis sujet moi-même et que, par conséquent, je connais, des virements de bord de soixante et de quatre-vingts milles; mais nous sommes dans la Méditerranée, nous allons de Naples à Palerme, et nous devons faire des virements de bord de trois en trois milles au plus. Au reste, continua Nelson en jetant un regard sur Capri, dont on s'éloignait de plus en plus, Sa Majesté peut rentrer tranquillement dans son appartement et rassurer la reine. Je réponds de tout.

A son tour, le roi respira, quoiqu'il n'eût point entendu directement les paroles de Nelson; Nelson les avait prononcées avec une telle conviction, que cette conviction était passée dans le cœur d'Emma, et, du cœur d'Emma, dans celui du roi.

Ferdinand descendit donc, annonça que tout danger était passé, et qu'Emma le suivait pour donner à la reine la même assurance.

Emma suivit le roi, en effet; mais, comme elle dévia de la ligne droite en passant par la cabine de Nelson, ce ne fut qu'une demi-heure après que la reine, complétement rassurée, commença de s'endormir, la tête appuyée sur l'épaule de son amie.

Le grain qui avait failli jeter Nelson sur les côtes de Capri avait atteint Caracciolo, mais d'une façon moins sensible. D'abord, une partie de sa violence avait été brisée par les hauts sommets de l'île qui se trouvaient au vent; ensuite, ayant à manœuvrer un bâtiment plus léger, l'amiral napolitain lui avait commandé plus facilement que Nelson n'avait pu le faire au lourd *Van-Guard*, encore tout mutilé par les boulets d'Aboukir.

Aussi, quand, au point du jour, après avoir pris deux ou trois heures de repos, Nelson remonta sur la dunette de son bâtiment, vit-il que, lorsque, avec grand'peine, il était parvenu à doubler Capri, Caracciolo et son bâtiment étaient à la hauteur du cap Licosa, c'est-à-dire avaient de quinze à vingt milles d'avance sur lui.

Il y avait plus: tandis que Nelson naviguait seulement sous ses trois huniers, sa brigantine et son petit foc, lui avait conservé toutes ses voiles, et, à chaque virement de bord, gagnait dans le vent.

Malheureusement, dans ce moment, le roi monta à son tour sur la dunette, et vit Nelson, qui, sa lunette à la main, suivait d'un œil jaloux la marche de la *Minerve*.

— Eh bien, demanda-t-il à Henry, où en sommes-nous?

— Vous le voyez, sire, répliqua Henry, nous venons de doubler Capri.

— Comment! dit le roi, ce rocher est encore Capri?

— Oui, sire.

— De sorte que, depuis hier trois heures du soir, nous avons fait vingt-six ou vingt-huit milles?

— A peu près.

— Que dit le roi? demanda Nelson.

— Il s'étonne que nous n'ayons pas fait plus de chemin, milord.

Nelson haussa les épaules.

Le roi devina la question de l'amiral et la réponse du capitaine, et, comme le geste de Nelson lui avait paru peu respectueux, il résolut de s'en venger en humiliant son orgueil.

— Que regardait donc milord, demanda-t-il, quand je suis monté sur la dunette?

— Un bâtiment qui est sous le vent à nous.

— Vous voulez dire en avant de nous, capitaine.

— L'un et l'autre.

— Et quel est ce bâtiment? Je ne présume pas qu'il appartienne à notre flotte.

— Pourquoi cela, sire?

— Parce que, le *Van-Guard* étant le meilleur bâtiment et milord Nelson le meilleur marin de la flotte, aucun bâtiment ni aucun capitaine, il me semble, ne peuvent les dépasser.

— Que dit le roi? demanda Nelson.

Henry traduisit à l'amiral anglais la réponse de Ferdinand.

Nelson se mordit les lèvres.

— Le roi a raison, dit-il, nul ne devrait dépasser le vaisseau amiral, surtout lorsqu'il a l'honneur de porter Leurs Majestés. Aussi, celui qui a commis cette inconvenance va-t-il en être puni, et à l'instant même. Capitaine Henry, faites signe à M. le prince Caracciolo de ne plus gagner dans le vent et de nous attendre.

Ferdinand avait deviné, au visage de Nelson, que le coup avait porté, et, ayant compris, à son intonation brève et impérative, que l'amiral anglais donnait un ordre, il suivit des yeux le capitaine Henry, pour lui voir accomplir cet ordre.

Henry descendit de la dunette, resta quelques

minutes absent et revint avec divers pavillons arrangés dans un certain ordre, qu'il fit attacher lui-même à la drisse des signaux.

— Avez-vous fait prévenir la reine, dit Nelson, qu'un coup de canon allait être tiré et qu'elle ne s'en inquiétât point?

— Oui, milord, répondit Henry.

En effet, au même moment, une détonation se fit entendre et une colonne de fumée jaillit de la batterie supérieure.

Les cinq pavillons apportés par Henry montèrent en même temps à la drisse des signaux, transmettant l'ordre de Nelson dans toute sa brutalité.

Le coup de canon avait pour but d'attirer l'attention de la *Minerve*, qui hissa un pavillon pour indiquer qu'elle prêtait attention au signal du *Van-Guard*.

Mais, quelque effet que produisit sur lui la vue des signaux, Caracciolo ne s'empressa pas moins d'obéir.

Il amena ses perroquets, cargua sa misaine et sa grande voile, et tint ses voiles en ralingue.

Nelson, la lunette à la main, suivait la manœuvre ordonnée par lui. Il vit les voiles de la *Minerve* fasier : la brigantine et le foc seuls restèrent pleins, et la frégate perdit les trois quarts de sa vitesse, tandis qu'au contraire Nelson, voyant une espèce d'accalmie dans le temps, fit hisser toutes ses voiles, jusqu'à celles de perroquet.

En quelques heures, le *Van-Guard* eut rattrapé son avantage sur la *Minerve*. Ce fut alors seulement que celle-ci remit du vent dans ses voiles.

Mais, quoique, à son tour, Caracciolo ne naviguât plus que sous ses huniers, sa brigantine et son foc, tout en se tenant d'un quart de mille en arrière du *Van-Guard*, il ne perdit pas un pouce de terrain sur le lourd colosse chargé de toutes ses voiles.

XXIV

En voyant la facilité des manœuvres de la *Minerve* et comment, pareille à un bon cheval, elle semblait obéir à son commandant, Ferdinand commençait à regretter de ne s'être point embarqué avec son vieil ami Caracciolo, comme il lui avait promis de le faire, au lieu de s'embarquer sur le *Van-Guard*.

Il descendit dans la grande chambre et trouva la reine et les jeunes princesses assez calmes. Depuis le jour venu, elles avaient pris quelque repos. Le jeune prince Albert seul, délicat de santé, avait été atteint de vomissements et était couché sur la poitrine d'Emma Lyonna, qui, admirable dans son dévouement, n'avait pas pris un instant de repos et ne s'était occupée que de la reine et de ses enfants.

On courut des bordées toute la journée ; seulement, les bordées devenaient d'autant plus fatigantes que la mer était devenue plus dure. A chaque virement de bord, les souffrances du jeune prince redoublaient.

Vers trois heures de l'après-midi, Emma Lyonna monta sur le pont. Il ne fallait pas moins que sa présence pour dérider le front de Nelson. Elle venait lui dire que le prince était très-mal et que la reine faisait demander s'il n'y avait pas moyen d'atterrir quelque part ou de changer de route.

On était à la hauteur d'Amantea, à peu près : on pouvait relâcher dans le golfe de Sainte-Euphémie. Mais que penserait Caracciolo? Que le *Van-Guard* n'avait pas pu tenir la mer, et que Nelson, ce vainqueur des hommes, avait été à son tour vaincu par la mer?

Ses désastres maritimes étaient célèbres presque à

l'égal de ses victoires. Il y avait un mois à peine que, dans le golfe de Lyon, son bâtiment, dans un coup de vent, avait été démâté de ses trois mâts, et était rentré dans le port de Cagliari rasé comme un ponton, à la remorque d'un autre de ses bâtiments, moins endommagé que lui.

Il interrogea l'horizon avec cet œil profond du marin, à qui tous les signes du danger sont connus.

Le temps n'était point rassurant. Le soleil, perdu dans les nuages, qu'il teignait à grand'peine d'une lueur jaunâtre, s'affaissait lentement à l'occident, en coupant le ciel de ces irradiations qui annoncent du vent pour le lendemain, et qui font dire aux pilotes : « Gare à nous! le soleil est affourché sur ses ancres! » Le Stromboli, que l'on commençait d'entendre gronder dans le lointain, était complétement perdu, ainsi que l'archipel d'îles au-dessus desquelles il s'élève, dans une masse de vapeurs qui semblaient flotter sur la mer et venir au-devant des fugitifs. Du côté opposé, c'est-à-dire vers le nord, le temps était assez dégagé; mais, aussi loin que l'œil pouvait s'étendre, on ne voyait d'autre bâtiment que la *Minerve*, qui, opérant exactement les mêmes évolutions que le *Van-Guard*, semblait son ombre. Les autres vaisseaux, profitant de la permission donnée par Nelson, *manœuvre indépendante,* ou s'étaient abrités dans le port de Castellamare, ou, prenant la bordée de l'ouest, s'étaient réfugiés dans la haute mer.

Si le vent tenait et que l'on continuât de faire route sur Palerme, il fallait courir des bordées toute la nuit et probablement toute la journée du lendemain.

C'était encore deux ou trois jours de mer à subir, et lady Hamilton affirmait que le jeune prince ne pouvait les supporter.

Si, au contraire, le même vent tenait et que l'on mit le cap sur Messine, comme on naviguait avec du largue, on pouvait, en profitant du courant, malgré le vent contraire, entrer dans le port pendant la nuit.

En agissant ainsi, Nelson ne relâchait point ; il obéissait à un ordre du roi. Aussi se décida-t-il pour Messine.

— Henry, dit-il, faites signal à la *Minerve.*

— Lequel?

Il y eut un moment de silence.

Nelson réfléchissait dans quels termes l'ordre devait être donné pour sauvegarder son amour-propre.

— Le roi donne l'ordre au *Van-Guard,* dit-il,

de se porter sur Messine. La *Minerve* peut continuer sa route vers Palerme.

Au bout de cinq minutes, l'ordre était transmis. Caracciolo répondit qu'il allait obéir.

Nelson n'eut qu'à ouvrir très-légèrement sa voilure pour prendre de largue ce que le vent du sud pouvait en donner, et le timonier reçut l'ordre de mettre le cap de manière à avoir Salina au vent et à passer entre Panaria et Lipari.

Si le temps était trop mauvais, débarrassé qu'il était du contrôle de Caracciolo, Nelson se réfugiait dans le golfe de Sainte-Euphémie.

Cet ordre donné, Nelson jeta un dernier regard sur la *Minerve*, qui, sur cette mer houleuse, continuait à courir ses bordées avec la légèreté d'un oiseau, et, laissant la garde du bâtiment à Henry, il descendit à la grande chambre, où le dîner était servi.

Personne n'y avait fait honneur, pas même le roi Ferdinand, si grand mangeur qu'il fût. Le mal de mer d'abord, puis une sourde et constante inquiétude avaient suspendu chez lui les sollicitations de l'appétit. Cependant, comme d'habitude, la vue de Nelson rassura les illustres fugitifs, et tout le monde se rapprocha de la table, excepté Emma Lyonna et le jeune prince, dont les vomissements redoublaient de violence et prenaient un caractère inquiétant.

Deux fois le chirurgien du bord, le docteur Beaty, était venu visiter l'enfant royal ; mais, on le sait, aujourd'hui même, on ignore encore le spécifique qui peut calmer la terrible indisposition.

Le docteur Beaty s'était borné à ordonner l'emploi du thé ou de la limonade à grandes tasses. Mais le jeune prince ne voulait rien recevoir que de la main d'Emma Lyonna, de sorte que la reine, qui, au reste, ne comprenait pas toute la gravité de son état, avait, dans un moment de jalousie maternelle, complétement abandonné l'enfant aux soins de lady Hamilton.

Quant au roi, il était assez insensible aux souffrances des autres, et, quoiqu'il aimât ses enfants d'un amour plus grand que celui de la reine, des préocupations personnelles l'empêchaient de donner à la maladie du jeune prince toute l'attention qu'elle méritait.

Nelson s'approcha de l'enfant pour s'approcher d'Emma Lyonna.

Depuis quelque temps, le vent mollissait et le vaisseau se balançait lourdement sur la houle. Au supplice des virements de bord avait succédé celui du roulis.

— Voyez! dit Emma en présentant à Nelson le corps presque inanimé de l'enfant.

— Oui, répondit Nelson, je comprends pourquoi la reine m'a fait demander si je ne pouvais pas entrer dans quelque port. Par malheur, je n'en connais pas un dans tout l'archipel lipariote auquel je voudrais confier un vaisseau de la taille du *Van-Guard*, surtout quand il porte avec lui les destinées d'un royaume, et nous sommes encore loin de Messine, de Milazzo ou du golfe de Sainte-Euphémie!

— Il me semble, fit Emma, que la tempête se calme.

— Vous voulez dire que le vent tombe; car, de tempête, il n'y en a pas eu de la journée. Dieu nous garde de voir une tempête, milady, et dans ces parages surtout! Oui, le vent tombe; mais ce n'est qu'une trêve qu'il nous accorde, et je ne vous cacherai point que je crains une nuit pire que celle d'hier.

— Ce n'est point rassurant, ce que vous dites là, milord! interrompit la reine, qui s'était approchée doucement de la cabine et qui, parlant anglais, avait entendu et compris ce que disait Nelson.

— Mais Votre Majesté peut être certaine, au

moins, que le respect et le dévouement veillent sur elle, répondit Nelson.

En ce moment, la porte de la chambre haute s'ouvrit, et le lieutenant Parkenson s'informa si l'amiral n'était point près de Leurs Majestés.

Nelson entendit la voix du jeune officier et alla au-devant de lui.

Tous deux échangèrent quelques paroles à voix basse.

— C'est bien, dit Nelson assez haut et reprenant le ton du commandement; faites mettre les canons à la serre et faites-les amarrer par le plus fort grelin que vous pourrez trouver. Je monte sur le pont... Madame, ajouta Nelson, si je n'avais pas un précieux chargement, je laisserais le capitaine Henry gouverner le vaisseau à sa guise; mais, ayant l'honneur d'avoir Votre Majesté à mon bord, je ne m'en rapporte qu'à moi du soin de le diriger. Que Votre Majesté ne s'inquiète donc point si je me prive sitôt du bonheur de demeurer auprès d'elle.

Et il s'avança rapidement vers la porte.

— Attendez, attendez, milord, dit Ferdinand, je monte avec vous.

— Que dit Sa Majesté? demanda Nelson, qui ne comprenait pas l'italien.

La reine lui traduisit la demande de son époux.

— Pour Dieu, madame, dit Nelson, obtenez du roi qu'il reste ici. Sur la dunette, il intimidera les officiers et gênera la manœuvre.

La reine transmit à son mari la demande de Nelson.

— Ah! Caracciolo! Caracciolo! murmura le roi en tombant sur un fauteuil.

Nelson n'eut besoin que de mettre le pied sur la dunette pour voir que non-seulement quelque chose de grave, mais encore quelque chose d'insolite se passait à bord.

La chose grave, c'était non plus un grain, mais une tempête qui s'amassait au ciel.

La chose insolite, c'était la boussole qui avait perdu sa fixité et qui variait du nord à l'est.

Nelson comprit aussitôt que le voisinage du volcan créait des courants magnétiques, dont l'aiguille aimantée subissait l'influence.

Par malheur, la nuit était sombre ; il n'y avait pas au ciel une étoile sur laquelle le bâtiment pût se guider, à défaut de la boussole, devenue insensée.

Si le vent du sud continuait à mollir, si la mer calmissait, le danger devenait moindre et même disparaissait. On mettait le bâtiment en panne et l'on attendait le jour. Mais, par malheur, il n'en était point ainsi, et il était évident que le vent ne tombait au sud que pour souffler d'un autre côté.

Les dernières bouffées du vent du sud s'affaiblirent par degrés et s'éteignirent tout à fait, et bientôt on entendit les lourdes voiles fouetter les mâts. Un calme effrayant s'abattit sur les flots. Matelots et officiers se regardèrent avec angoisse. Et ce silence menaçant du ciel semblait une trêve donnée par un ennemi généreux mais mortel, pour laisser à ceux qu'il allait combattre le temps de se préparer à la lutte. La flamme d'une lumière se fût élevée verticalement vers le ciel. L'eau clapotait tristement contre les flancs du navire, et il sortait des profondeurs de la mer des sons inconnus pleins d'une mystérieuse solennité.

— Voilà une terrible nuit qui s'apprête, milord, dit Henry.

— Bon! fit Nelson, pas si terrible que la journée d'Aboukir.

— Est-ce le tonnerre que l'on entend? et, dans ce cas, comment se fait-il que, l'orage venant à l'arrière, le tonnerre gronde à l'avant?

— Ce n'est point le tonnerre, c'est le Stromboli. Nous allons avoir une saute de vent terrible. Ordonnez d'abattre les perroquets, les petits huniers, la grande voile et la misaine.

Henry répéta l'ordre de l'amiral, et, surexcités par le danger, les matelots s'élancèrent dans les agrès, et, en moins de cinq minutes, les vastes nappes de toile furent rendues inoffensives et assujetties sur leurs vergues.

Le calme devenait de plus en plus profond. Les vagues cessarent de se briser à l'avant du vaisseau. La mer elle-même semblait avertie qu'un changement prochain et violent se préparait.

De légers rivolins commencèrent à voltiger autour des mâts, précurseurs de la rafale. Tout à coup, aussi loin que le regard pouvait s'étendre au milieu des ténèbres, on vit la superficie de la mer onduler. Cette ondulation se couvrit d'écume, un rugissement terrible accourut de l'horizon, et le vent d'ouest, le plus puissant de tous, s'abattit sur les flancs du vaisseau, qui, le recevant en plein travers, inclina ses mâts sous le choc irrésistible.

— La barre au vent! cria Nelson, la barre au vent!

Puis, tout bas, et comme se parlant à lui-même :

— Il y va de la vie! dit-il.

Le timonier obéit; mais, pendant une minute qui parut un siècle à l'équipage, le vaisseau resta incliné sur bâbord.

Pendant ce moment d'anxieuse attente, un canon de tribord rompit ses amarres, et, roulant dans toute la largeur du bâtiment, tua un homme et en blessa cinq ou six.

Henry fit un mouvement pour s'élancer sur le pont; Nelson l'arrêta par le bras.

— Du sang-froid! lui dit-il. Que des hommes se tiennent prêts avec des haches. Je raserai, s'il est nécessaire, le navire comme un ponton.

— Il se relève! il se relève! crièrent à la fois les cent voix des matelots.

Et, en effet, le vaisseau se releva lentement et majestueusement, comme un courtois et courageux adversaire qui salue avant de combattre; puis, cédant au gouvernail et présentant sa haute poupe au vent, il fendit les vagues, courant devant la tempête.

— Voyez si la boussole a repris sa fixité, dit Nelson à Henry.

Henry alla à la boussole et revint.

— Non, milord, dit Henry, et j'ai peur que nous ne courions droit sur le Stromboli.

En ce moment, comme pour répondre à un éclat de tonnerre venant de l'occident, on entendit à l'avant un de ces rugissements qui précèdent les éruptions du volcan; puis un immense jet de flamme monta vers le ciel, et s'éteignit presque aussitôt.

Ce jet de flamme était à un mille à peine à l'avant. Comme l'avait craint Henry, on courait juste sur le volcan, qui sembla avoir tout exprès allumé son phare pour indiquer le danger à Nelson.

— La barre à tribord ! cria l'amiral.

Le timonier obéit, et le bâtiment, en passant de l'est-sud-est au sud-est, obéit au timonier.

— Votre Seigneurie sait, dit Henry, que, de Stromboli à Panaria, c'est-à-dire pendant près de sept ou huit milles, la mer est couverte de petites îles et de rochers à fleur d'eau ?

— Oui, dit Nelson. Placez à l'avant une de vos meilleures vigies, et dans les porte-haubans vos meilleurs contre-maîtres, et envoyez M. Parkenson surveiller le sondage.

— J'irai moi-même, dit Henry. Apportez une lumière dans les chaînes de haubans du grand mât ! Il faut que milord, de la dunette, puisse entendre ce que je dirai.

Ce commandement prépara l'équipage à une crise.

Nelson s'approcha de la boussole pour la surveiller lui-même : la boussole n'avait point repris sa fixité.

— Terre en avant ! cria l'homme en vigie dans le mât de misaine.

— La barre à bâbord ! cria Nelson.

Le bâtiment tourna légèrement son cap au sud.

La tempête en profita pour s'engouffrer dans ses voiles. Un craquement se fit entendre, un nuage sembla flotter un instant à l'avant du *Van-Guard*. On entendit l'explosion de plusieurs cordages qui se brisaient, et un immense lambeau de toile fut emporté au-dessous du vent.

— Ce n'est rien, cria Henry ; le grand foc a quitté ses ralingues.

— Brisants à tribord ! cria l'homme en vigie.

— Il est inutile d'essayer de virer par un pareil temps, murmura Nelson se parlant à lui-même : nous manquerions notre abattée. Si rapprochés que soient les îlots, il y aura place entre eux pour un bâtiment. La barre à tribord !

Ce commandement fit tressaillir tout l'équipage ; on allait au-devant du danger, on s'y jetait à plein corps, on prenait, comme on dit proverbialement, le taureau par les cornes.

— Sondez ! dit la voix ferme et impérative de Nelson dominant celle de la tempête.

— Dix brasses, répondit la voix de Henry.

— Attention partout ! cria Nelson.

— Brisants à bâbord ! cria le matelot en vigie.

Nelson s'approcha du bastingage et vit, en effet, la mer qui brisait furieusement à une demi-encâblure.

Le vaisseau était poussé avec une telle rapidité, que les brisants étaient déjà presque dépassés.

— Ferme à la barre! dit Nelson au pilote.

— Brisants à tribord! cria le matelot en vigie.

— Sondez! dit Nelson.

— Sept brasses, répondit Henry. Mais je crois que nous marchons trop vite; si nous avions des brisants à l'avant, nous ne pourrions pas les éviter.

— Abaissez le hunier de misaine et celui du grand mât! faites prendre trois ris dans le hunier d'artimon! Sondez!

— Six brasses, répondit Henry.

— Nous sommes dans la passe entre Panaria et Stromboli, dit Nelson.

Puis, il ajouta à voix basse :

— Dans dix minutes, nous serons sauvés ou au fond de la mer.

Et, en effet, au lieu de cette espèce de régularité que conservent toujours les vagues, même au milieu de la tempête, en courant devant elles, les vagues semblaient se briser les unes contre les autres, et l'on ne voyait, dans tout ce chaos d'écume, dont les mugissements rappelaient les hurlements des chiens de Scylla, qu'une seule ligne sombre tracée entre deux murailles de brisants.

C'était dans cet étroit chenal que devait s'engager le *Van-Guard*.

— Combien de brasses? demanda Nelson.

— Six.

L'amiral fronça le sourcil : une brasse de moins, le *Van-Guard* touchait.

— Milord, dit le timonier d'une voix sourde, le bâtiment ne marche plus.

En effet, le mouvement du *Van-Guard* était à peine sensible, et, après avoir couru devant la tempête avec une vitesse de onze nœuds à l'heure, si l'on eût jeté le loch, on n'eût point constaté plus de trois nœuds.

Nelson regarda tout autour de lui. Le vent, brisé par les îlots au milieu desquels il naviguait, n'aurait eu de prise que sur les hautes voiles si elles avaient été ouvertes. D'un autre côté, un courant sous-marin semblait s'opposer à la marche du vaisseau.

— Combien de brasses? demanda Nelson.

— Six, toujours, répondit Henry.

— Milord, dit le vieux timonier, qui était Sicilien, du petit village de la Pace, et qui vit ce qui préoccupait Nelson, milord, sauf votre respect, m'est-il permis de dire un mot?

— Parle.

— C'est le courant qui remonte.

— Quel courant?

— Celui du détroit. Et, par bonheur, il nous donne un demi-pied et même un pied d'eau de plus.

— Tu crois que le courant remonte jusqu'ici?

— Il remonte jusqu'à Paolo, milord.

— Pare à hisser les huniers et les perroquets! cria Nelson.

Quoique l'ordre étonnât les matelots, il fut exécuté avec cette obéissance passive et muette qui est la première qualité des marins, surtout dans les heures de danger.

On vit donc, aussitôt que l'ordre eut été répété par l'officier de quart, se dérouler, le long des mâts et des matereaux, les hautes voiles, que seules pouvait atteindre le vent.

— Il marche! il marche! s'écria le timonier avec un accent joyeux qui indiquait la crainte qu'il avait eue un instant qu'au lieu de suivre intelligemment et fidèlement la route qui était tracée, le *Van-Guard* ne roulât sur les brisants dont il était entouré.

— Sondez! cria Nelson.

— Sept brasses, répondit Henry.

— Des brisants à l'avant! cria le matelot en vigie dans la hune de misaine.

— Des brisants à tribord! cria le matelot appuyé au bossoir d'avant.

— La barre à tribord! cria Nelson d'une voix tonnante; toute! toute! toute!

Cette triple répétition du commandement de l'amiral indiquait l'imminence du danger. Le vaisseau, en effet, n'obéit qu'au moment où l'effort réuni de deux matelots porta la barre toute à tribord et quand l'extrémité du boute-hors s'étendait déjà au dessus de l'écume.

Tout ce qu'il y avait d'hommes sur le pont avaient suivi avec anxiété le mouvement du vaisseau. Dix secondes de résistance au gouvernail, et il touchait.

Par malheur, en appuyant à bâbord, le bâtiment se trouva dans la ligne du vent, sans aucun obstacle pour le briser. Une rafale effroyable s'abattit sur le vaisseau, qui, pour la seconde fois, s'inclina sur tribord, si bien que l'extrémité de ses grandes vergues effleura le sommet argenté d'une vague. En même temps, les mâts plièrent en gémissant et, comme ils n'étaient pas soutenus par les basses voiles, les trois mâts de perroquet se brisèrent avec un bruit terrible.

— Des hommes dans les hunes avec des couteaux! cria Nelson. Coupez et jetez à la mer!

Une douzaine de matelots, pour obéir à cet ordre,

se précipitèrent sur les haubans, qu'ils escaladèrent malgré leur inclinaison avec l'agilité d'une bande de quadrumanes, et, une fois arrivés au lieu de l'avarie, ils se mirent à tailler avec un tel acharnement, qu'au bout de quelques minutes, voiles, vergues et mâtereaux, tout était à la mer.

Le vaisseau se redressa lentement; mais, au moment où il se redressait, un énorme paquet de mer entra dans la civadière, qui, ne pouvant porter un pareil poids, brisa sa vergue avec un craquement qui eût pu faire croire que le bâtiment s'entr'ouvrait.

Cette fois encore, il venait d'échapper miraculeusement au naufrage. Les marins reprirent haleine et regardèrent autour d'eux, comme des hommes qui reviennent à la vie après un évanouissement.

Au même instant, une voix de femme se fit entendre, criant :

— Milord, au nom du ciel, descendez près de nous !

Nelson reconnut la voix d'Emma Lyonna appelant à l'aide. Il jeta un regard anxieux autour de lui. A l'arrière, il avait Stromboli fumant et grondant; à tribord et à bâbord, l'immensité; à l'avant, une nappe d'eau qui s'étendait jusqu'aux côtes de Calabre, et sur laquelle le vaisseau, majestueusement sorti des écueils, tanguait mutilé, mais vainqueur.

Nelson donna l'ordre d'abaisser les petits huniers et de naviguer grand largue avec les huniers, la misaine, le clin-foc et le petit foc.

Puis, ayant remis à Henry le porte-voix, c'est-à-dire le signe du commandement, il se hâta de descendre l'escalier de la dunette, au bas duquel il trouva Emma Lyonna.

— Oh! mon ami, dit-elle, venez, venez vite! Le roi est fou de terreur, la reine est évanouie, et le jeune prince est mort!

Nelson entra. Le roi, en effet, était à genoux, la tête enfoncée dans les coussins d'un fauteuil, et la reine était renversée sur un divan, tenant entre ses bras le cadavre de son fils!

XXV

OU LE ROI RECOUVRE ENFIN L'APPÉTIT.

Les scènes qui s'étaient passées sur le pont et que nous avons essayé de décrire, avaient eu, comme on le comprend bien, leur contre-partie dans la grande salle. Le mouvement extraordinaire du vaisseau, le sifflement de la tempête, les éclats du tonnerre, les manœuvres précipitées, les demandes de Nelson, les réponses de Henry, rien n'avait été perdu pour les illustres fugitifs. Mais c'était surtout au moment où, sortant des récifs, le vaisseau avait reçu, par le travers, le terrible coup de vent qui l'avait courbé sous lui, que le roi, la reine et Emma Lyonna elle-même avaient cru leur dernière heure arrivée. L'inclinaison du *Van-Guard* avait été telle, en effet, que les boulets s'étaient échappés de leurs cases, installées dans les intervalles des canons, et, roulant sur la pente du vaisseau avec un bruit terrible, avaient imprimé, par ce tonnerre intérieur dont on ne pouvait pas se rendre compte, une suprême terreur aux passagers.

Quant au pauvre petit prince, nous avons vu ce qu'il avait souffert pendant la traversée. Le mal de mer était arrivé chez lui à son paroxysme. A chaque mouvement violent du vaisseau, il était saisi d'effroyables convulsions, d'autant plus douloureuses, que, depuis le matin, il refusait de rien prendre, même de la main d'Emma, quoique ce fût sur ses genoux qu'il se tint constamment, ne mangeant rien depuis deux jours, passant successivement des vomissements aux convulsions et des convulsions aux vomissements. Il avait, lors de l'inclinaison du *Van-Guard*, éprouvé une si forte secousse et ressenti une si grande terreur, qu'un vaisseau s'était brisé dans sa poitrine, que le sang s'était échappé de sa bouche et qu'après une courte agonie, il avait rendu le dernier soupir sur le sein d'Emma.

L'enfant était si faible, et le passage de la vie à la mort avait été si facile chez lui, qu'Emma, tout en s'effrayant de cette émission de sang et des mouvements convulsifs qui l'avaient suivie, avait pris son immobilité pour le repos qui suit une crise et que ce n'était qu'au bout de quelques instants que, reconnaissant la véritable cause de cette immobilité, elle s'était, dans un mouvement de suprême effroi, écriée sans ménagement aucun, soit qu'elle connût la philosophie de la reine, soit que sa terreur dédaignât les ménagements :

— Grand Dieu, madame, le prince est mort !

Ce cri, parti du fond des entrailles d'Emma, avait produit un effet bien opposé chez Caroline et chez Ferdinand.

La reine avait répondu :

— Pauvre enfant ! tu nous précèdes de si peu dans la tombe, que ce n'est pas la peine de te pleurer.

Mais, si jamais je reprends ma couronne, malheur, à ceux qui ont été cause de ta mort !

Un sinistre sourire avait suivi sa menace.

Puis, tendant les bras vers Emma :

— Donne-moi l'enfant, avait-elle dit.

Emma avait obéi, ne croyant pas que l'on pût refuser à une mère, si peu tendre qu'elle fût, le cadavre de son enfant.

Quant à Ferdinand, l'imminence du danger avait fait disparaître chez lui jusqu'aux traces du malaise dont il avait d'abord été atteint. N'osant point monter sur la dunette, après ce que lui avait fait dire Nelson de son désir qu'il restât dans la chambre haute afin de ne point gêner la manœuvre par sa royale présence, il avait passé par toutes les angoisses du danger, angoisses d'autant plus grandes que, le danger lui étant inconnu, il ne pouvait l'apprécier, et que, si imminent qu'il fût, son imagination le lui faisait plus imminent encore. Aussi, lorsque les boulets, sortant de leurs cases au moment de l'inclinaison du vaisseau, envahirent la batterie haute avec un bruit semblable à celui du tonnerre, devint-il, comme l'avait dit Emma, presque fou de terreur, et, lorsque celle-ci eut crié : « Grand Dieu, madame, le prince est mort! » répéta-t-il ce cri à genoux, en exprimant son mépris pour saint Jan vier, qui l'abandonnait dans une pareille extrémité, et à haute voix vota-t-il à saint François de Paule, bienheureux, de mille ans plus récent que saint Janvier, une église sur le modèle de Saint-Pierre de Rome.

Ce fut dans ce moment qu'Emma, ayant déposé le cadavre du jeune prince sur les genoux de sa mère et se trouvant libre, sortit de la chambre, courut jusqu'au pied de l'escalier de la dunette et appela Nelson.

Nelson jeta un coup d'œil rapide autour de lui, vit, comme nous l'avons dit, la reine renversée sur un sofa, étreignant dans ses bras le cadavre de son fils, et le roi, en face de son propre péril, oubliant tout sentiment de paternité, à genoux et faisant son vœu de salut, sans même songer à faire entrer dans ce vœu et à recommander au saint les personnes de sa famille qui devaient lui être les plus chères. Il s'empressa donc de rassurer ses illustres passagers.

— Madame, dit-il à la reine, je ne puis rien contre le malheur qui vient de vous arriver, c'est une affaire entre Dieu, qui console, et vous ; mais je puis vous affirmer, au moins, que, quant aux survivants, ils sont à peu près hors de tout danger.

— Vous entendez, chère reine ! dit Emma en soulevant la tête de Caroline entre ses bras; vous entendez, sire !

— Hélas ! non, dit le roi. Vous savez bien, milady, que je n'entends pas un mot de votre baragouin.

— Milord dit que le danger est passé.

Le roi, se releva.

— Ah ! ah ! fit-il, milord dit cela ?

— Oui, sire.

— Et pas par complaisance, pas pour nous rassurer ?

— Milord dit cela, parce que c'est la vérité.

Le roi se releva, époussetta ses genoux avec sa main.

— Est-ce que nous sommes à Palerme ? demanda-t-il.

— Non, pas encore tout à fait, répondit Nelson, à qui la demande fut transmise par Emma Lyonna; mais, comme il est probable que nous aurons, au point du jour, une saute de vent au nord ou au sud, nous pourrions y être ce soir. Nous n'avions même dévié de notre chemin que sur l'ordre de la reine.

— Vous voulez dire sur ma prière, milord. Mais, à l'heure qu'il est, vous pouvez suivre la route que vous voudrez. Je n'ai plus de prière à faire qu'à

Dieu et pour l'enfant que je tiens mort sur mes genoux.

— C'est donc au roi, dit Nelson, que je demanderai mes instructions.

— Mes instructions, dit le roi, du moment que vous me dites qu'il n'y a plus de danger, mes instructions sont que j'aimerais mieux aller à Palerme que partout ailleurs. Mais, continua le roi en chancelant sous le roulis, il me semble qu'il y a encore bien du mouvement sur votre diable de château branlant, et que, si nous sommes disposés à dire bon voyage à la tempête, elle n'est point disposée à nous en dire autant.

— Le fait est que nous n'en avons pas encore fini avec elle, dit Nelson. Mais, ou je me trompe fort, ou sa plus grande colère est épuisée.

— Alors, votre avis à vous, milord?

— Mon avis serait, sire, que le roi et la reine feraient bien de prendre un repos dont ils me paraissent avoir grand besoin, et de s'en rapporter à moi du soin de la route.

— Que dites-vous de cela, ma chère maîtresse? demanda le roi.

— Je dis que les avis de milord sont toujours bons à suivre, surtout lorsqu'il s'agit des choses de la mer.

— Vous entendez, milord. Agissez à votre guise; ce que vous ferez sera bien fait.

Nelson s'inclina, et, comme c'était, sous sa rude écorce, un cœur religieux toujours, poétique quelquefois, avant de sortir de la chambre, il s'agenouilla devant le jeune prince.

— Que Votre Altesse dorme en paix, lui dit-il; elle n'a aucun compte à rendre à Dieu, qui, dans sa mystérieuse bonté, a envoyé l'ange de la mort l'attendre au seuil de la vie. Puissions-nous jouir de la même pureté lorsque nous nous présenterons à notre tour devant le trône du Seigneur pour y rendre compte de nos actions! *Amen!*

Et, se relevant, il s'inclina de nouveau et sortit.

Lorsque Nelson reprit sa place au poste du commandement, le jour commençait à paraître, et la tempête, fatiguée, exhalait ses derniers soupirs, soupirs terribles et pareils à ceux du Titan qui remue la Sicile à chaque mouvement qu'il fait dans son tombeau.

Tout autre que Nelson, à qui ce spectacle eût été moins familier, aurait été surpris par sa majestueuse grandeur. Sous le vent, qui mollissait de plus en plus, se dressait, pareil à un brouillard bleuâtre, l'extrême chaîne des Apennins; à bâbord, s'étendait l'immensité, champ de bataille où le vent et la mer se livraient un dernier combat; à tribord, on distinguait dans un ciel assez pur les côtes de la Sicile, au-dessus desquelles s'élevait, comme un caprice de la création, le colossal Etna, dont la tête se perdait dans les nuages; à l'arrière, on laissait, blanchissant sous les vagues, ces rochers, débris de volcans éteints ou émiettés auxquels on venait d'échapper par miracle; enfin, sous le bâtiment, la mer, émue jusque dans ses profondeurs, creusait de profondes vallées où le *Van-Guard* descendait en gémissant, et, à chaque descente, semblait près de s'engloutir comme dans un tombeau.

Nelson jeta un regard sur cette splendide page de la nature qui se déroulait sous ses yeux; mais il avait vu trop souvent le même spectacle pour que, si splendide qu'il fût, il absorbât longtemps son attention.

Il appela Henry.

— Que pensez-vous du temps? lui demanda-t-il.

Il était évident que l'habile capitaine auquel s'adressait Nelson, n'avait point attendu à ce moment pour se faire une opinion à ce sujet. Mais, ne voulant rien dire à la légère, il interrogea de nouveau les quatre points de l'horizon, essayant de sonder, à travers les vapeurs et les nuées, les mystérieuses profondeurs de l'espace.

— Milord, dit-il, cet examen fait, mon avis est que nous en avons fini avec la tempête, et que, dans une heure, son dernier souffle sera éteint. Mais, alors, je crois à une saute de vent, qui viendra soit du sud, soit du nord. Dans l'un ou l'autre cas, nous aurons le vent bon pour aller à Palerme puisque nous aurons du largue.

— Voilà justement ce que j'ai dit à Leurs Majestés, et j'ai cru pouvoir leur promettre qu'elles coucheraient ce soir dans le palais du roi Roger.

— Alors, dit Henry, il ne s'agit plus que d'acquitter la parole de milord, et cela, je m'en charge.

— Vous êtes aussi fatigué que moi, Henry, attendu que, pas plus que moi, vous n'avez dormi.

— Eh bien, en ce cas, voici comment, avec la permission de Votre Seigneurie, nous allons nous partager la besogne de la journée : Milord va prendre cinq ou six heures de repos; pendant ce temps, le vent fera telle évolution qu'il lui plaira. Milord sait, que, quand j'ai de l'eau à bâbord et à tribord, devant et derrière moi, je ne suis pas plus embarrassé qu'un autre; par conséquent, que le vent vienne du nord ou du sud, je mettrai le cap sur Palerme, et, quand milord se réveillera, nous serons en route. Alors, je lui rendrai son commandement, que milord conservera tant qu'il lui fera plaisir.

Nelson était brisé; puis, comme toujours, il avait, quoique naviguant dès sa jeunesse, le mal de mer. Il céda donc aux instances de Henry, et, le laissant maître du bâtiment, il rentra chez lui pour y prendre quelques heures de repos.

Lorsque Nelson remonta sur la dunette, il était onze heures du matin. Le vent avait passé au sud et soufflait grand frais, le *Van-Guard* avait doublé le cap d'Orlando et filait huit nœuds à l'heure.

Nelson jeta un coup d'œil sur le bâtiment. Il fallait le regard expérimenté d'un marin pour reconnaître qu'il y avait eu une tempête et qu'elle avait laissé les traces de son passage dans les agrès du vaisseau. Il tendit la main à Henry avec un sourire de remercîment et l'envoya se reposer à son tour.

Seulement, au moment où il descendait de la dunette, il le rappela pour lui demander ce que l'on avait fait du corps du jeune prince; il avait été, par les soins du médecin, M. Beaty, et du chapelain, M. Scott, porté dans la chambre du lieutenant Parkenson.

L'amiral s'assura si le vaisseau était bien orienté, commanda au timonier de faire même route, et descendit dans l'entre-pont du vaisseau.

L'enfant royal, en effet, était couché sur le lit du jeune lieutenant; un drap était jeté sur lui, et le chapelain, assis sur une chaise, oubliant que, protestant, il priait pour un catholique, lui disait l'office des morts.

Nelson s'agenouilla, fit sa prière, et, soulevant le drap qui lui couvrait le visage, jeta un dernier regard sur l'enfant.

Quoique déjà il fût atteint de la rigidité cadavérique, la mort lui avait rendu la sérénité des traits, que lui avaient momentanément enlevée les douleurs de son agonie. Ses longs cheveux blonds, de la nuance de ceux de sa mère, descendaient en anneaux le long de ses joues décolorées et de son cou, marbré de grosses veines bleuâtres ; une chemise à col rabattu et garnie d'une riche dentelle encadrait sa poitrine. On eût dit qu'il dormait.

Seulement, au lieu de sa mère ou d'Emma, c'était un prêtre qui veillait sur sommeil.

Nelson, quoique de cœur peu tendre, ne put s'empêcher de penser que le jeune prince, qui dormait seul avec un prêtre protestant priant sur lui, — et lui, Nelson, le regardant dormir, — avait à quelques pas de lui son père, sa mère, quatre sœurs et un frère, dont pas un n'avait eu l'idée de lui faire la pieuse visite qu'il lui faisait. Une larme mouilla son œil et tomba sur la main roidie du mort, à moitié couverte par une manchette de magnifique dentelle;

En ce moment, il sentit une main légère qui se posait doucement sur son épaule. Il se retourna et effleura deux lèvres parfumées : c'était la main, c'étaient les lèvres d'Emma.

C'était dans ses bras, et non dans ceux de sa mère, on se le rappelle, que l'enfant était mort, et, tandis que sa mère dormait, ou, les yeux fermés, roulait sous son front assombri par la haine ses projets de vengeance, c'était encore Emma qui venait accomplir, ne voulant pas que les mains brutales d'un matelot touchassent ce corps délicat, le pieux devoir de l'ensevelissement.

Nelson lui baisa respectueusement la main. Le cœur le plus vaste et le plus ardent, s'il n'est point dénué de toute poésie, a, devant la mort, de suprêmes pudeurs.

En remontant sur la dunette, il y trouva le roi.

Encore plein du spectacle funèbre dont il emportait le souvenir avec lui, Nelson s'attendait à avoir le cœur d'un père à consoler : Nelson se trompait. Le roi se trouvait mieux, le roi avait faim : le roi venait recommander à Nelson le plat de macaroni sans lequel il n'y avait point pour lui de dîner possible.

Puis, comme on avait en vue tout l'archipel lipariote, il s'informa du nom de chacune des îles, qu'il montrait du doigt à Nelson, lui racontant qu'il avait eu dans sa jeunesse un régiment de jeunes hommes tirés tous de ces îles, et qu'il appelait ses Lipariotes.

Alors vint le récit d'une fête qu'il avait, quelques années auparavant, donnée aux officiers de ce régiment, fête dans laquelle lui, Ferdinand, habillé en cuisinier, jouait le rôle de maître d'hôtel, tandis que la reine, vêtue d'un costume de paysanne et entourée des plus jolies femmes de sa cour, remplissait celui d'hôtelière.

Ce jour-là, Ferdinand avait lui-même une immense chaudronnée de macaroni, et jamais il n'en avait mangé de pareil. En outre, comme, la veille, il avait pêché lui-même son poisson dans le golfe de Mergellina, et la surveille tué, lui-même toujours, ses chevreuils, ses sangliers, ses lièvres et ses faisans dans la forêt de Persano, ce dîner lui avait laissé des souvenirs ineffaçables, qui se traduisirent par un profond soupir et ces mots invocateurs :

— Pourvu que je trouve autant de gibier dans mes forêts de Sicile que j'en ai ou plutôt que j'en avais dans mes forêts de terre ferme !

Ainsi, ce roi, que les Français dépouillaient de son royaume ; ainsi, ce père, auquel la mort enlevait son fils, ne demandait, pour se consoler de ce double malheur, qu'une chose à Dieu : c'était qu'il lui restât au moins des forêts giboyeuses.

On doubla vers deux heures de l'après-midi, le cap Cefallu.

Deux choses préoccupaient Nelson et lui faisaient interroger tour à tour la mer et la côte : Où pouvaient être Caracciolo et sa frégate? Comment ferait-il, avec le vent du sud, pour entrer dans la baie de Palerme?

Nelson, qui avait passé sa vie sur l'Atlantique, était peu pratique des mers dans lesquelles il se trouvait et où il avait rarement navigué. Il est vrai qu'il avait à bord, comme nous l'avons vu, deux autres matelots siciliens. Mais comment, lui, Nelson, le premier homme de mer de son époque, recourrait-il à un simple matelot pour diriger un vaisseau de soixante et douze dans la passe de Palerme?

Si l'on arrivait de jour, on ferait des signaux pour demander un pilote; si l'on arrivait de nuit, on courrait des bordées jusqu'au lendemain matin.

Mais, alors, le roi, dans son ignorance des difficultés, demanderait :

— Puisque voilà Palerme, pourquoi n'y entrons nous pas?

Et il faudrait répondre :

— Parce que je ne connais pas assez l'entrée du port pour m'y engager.

Jamais Nelson ne consentirait à faire un pareil aveu.

D'ailleurs, dans ce pays si mal organisé, où la vie de l'homme est la moins chère des marchandises, y avait-il même un office de pilotage?

On le saurait bientôt, au reste; car on commençait à découvrir le mont Pellegrino, qui s'élève et s'allonge à l'occident de Palerme, et, vers les cinq heures du soir, c'est-à-dire au jour tombant, on serait en vue de la capitale de la Sicile.

Le roi était descendu vers deux heures, et, comme son macaroni avait été fait d'après ses instructions, il avait parfaitement dîné. La reine était restée sur son lit, sous prétexte de malaise; les jeunes princesses et le prince Léopold s'étaient mis à table avec leur père.

Vers trois heures et demie, au moment où l'on allait doubler le cap, le roi, suivi de Jupiter, qui avait assez bien supporté la traversée, et du jeune prince Léopold, vinrent rejoindre Nelson sur la dunette. L'amiral était soucieux, car il interrogeait vainement la mer, et nulle part on n'apercevait *la Minerve*.

C'eût été un grand triomphe pour lui d'arriver

avant l'amiral napolitain; mais, au contraire, selon toute probabilité, c'était l'amiral napolitain qui était arrivé avant lui.

Vers quatre heures, on doubla le cap. Le vent soufflait avec force du sud-sud-est. On ne pouvait entrer dans le port qu'en courant des bordées, et, en courant des bordées, on pouvait s'échouer sur quelques bas-fonds ou toucher sur quelque rocher.

Aussitôt que le port fut en vue, Nelson fit donc des signaux pour qu'on lui envoyât un pilote.

A l'aide d'une excellente longue-vue, Nelson pouvait distinguer tous les bâtiments en rade, et n'eut point de peine à reconnaître, en avant de tous et comme un soldat au port d'arme attendant son chef, *la Minerve* avec tous ses agrès intacts et se balançant sur ses ancres.

Il se mordit les lèvres avec dépit : ce qu'il craignait était arrivé.

La nuit venait rapidement. Nelson multipliait ses signaux, et, impatient de ne voir venir aucune barque, tira un coup de canon, après avoir eu la précaution de faire prévenir la reine que ce coup de canon avait pour but de faire venir un pilote.

L'obscurité était déjà assez épaisse pour que le fond du golfe disparût, et que l'on ne vît plus que les nombreuses lumières de Palerme qui trouaient, pour ainsi dire, les ténèbres. Nelson allait ordonner de tirer un second coup de canon, lorsque Henry, qui explorait la mer avec une excellente lunette de nuit, annonça qu'une barque se dirigeait sur le *Van-Guard*.

Nelson prit la lunette des mains de Henry et vit effectivement venir, avec sa toile triangulaire, une barque montée par quatre matelots et par un homme couvert du grossier caban des matelots siciliens.

— Holà! de la barque! cria le matelot en vigie, que voulez-vous?

— Pilote, répondit simplement l'homme au caban.

— Jetez un cordage à cet homme et amarrez sa barque au bâtiment, dit Nelson.

Le vaisseau se présentait par bâbord. Il amena sa voile. Les quatre matelots prirent leurs rames et accostèrent le *Van-Guard*.

On jeta une corde au pilote, qui la saisit, et, s'aidant, en marin exercé, des anfractuosités du bâtiment, entra par un des sabords dans la batterie haute et apparut bientôt sur le pont.

Il se dirigea droit au poste du commandement, où l'attendaient Nelson, le capitaine Henry, le roi et le prince royal.

— Vous vous êtes bien fait attendre, lui dit Henry en italien.

— Je suis venu au premier coup de canon, capitaine.

— Vous n'aviez donc pas vu les signaux?

Le pilote ne répondit point.

— Voyons, dit Nelson, ne perdons pas de temps; demandez-lui en italien, Henry, s'il est pratique du port et s'il répond de conduire sans accident un vaisseau de haut bord à son ancrage.

— Je parle votre langue, milord, répondit le pilote en excellent anglais. Je suis pratique du port et je réponds de tout.

— C'est bien, dit Nelson. Commandez la manœuvre : vous êtes le maître ici. Seulement, n'oubliez pas que vous manœuvrez un bâtiment monté par vos souverains.

— Je sais que j'ai cet honneur, milord.

Puis, sans prendre le porte-voix que lui tendait Henry, d'une voix sonore qui retentit d'un bout à l'autre du vaisseau, il commanda la manœuvre en aussi bon anglais et avec des termes aussi techniques que s'il eût servi dans la marine du roi George.

Comme un cheval qui se sent monté par un écuyer habile et qui comprend que toute l'opposition qu'il pourrait faire à sa volonté serait inutile, le *Van-Guard* s'inclina sous le commandement du pilote, et obéit non-seulement sans résistance, mais avec une espèce d'empressement qui n'échappa point au roi.

Ferdinand s'approcha du pilote, dont Nelson et Henry, mus du même sentiment d'orgueil national, s'étaient éloignés.

— Mon ami, lui demanda le roi, est-ce que tu crois que je pourrai descendre ce soir?

— Rien n'empêchera Votre Majesté : avant une heure, nous serons au mouillage.

— Quel est le meilleur hôtel de Palerme?

— Le roi, je suppose, ne descendra point dans un hôtel lorsqu'il a le palais du roi Roger.

— Où personne ne m'attend, où je ne trouverai pas à manger, où les intendants, qui ne se doutent pas de mon arrivée, auront volé jusqu'aux draps de mon lit !

— Votre Majesté, au contraire, trouvera toutes choses en ordre... L'amiral Caracciolo, arrivé à Palerme ce matin, à huit heures, a, je le sais, veillé à tout.

— Et comment le sais-tu?

— C'est moi qui suis le pilote de l'amiral, et je puis répondre à Votre Majesté que, mouillé à huit heures, il était à neuf heures au palais.

— Alors, je n'aurai à m'occuper que d'une voiture?

— Comme l'amiral avait prévu que Votre Majesté arriverait dans la soirée, depuis cinq heures du soir trois carrosses stationnent à la Marine.

— En vérité, dit le roi, l'amiral Caracciolo est un homme précieux, et, si jamais je fais un voyage par terre, je le prendrai pour mon maréchal des logis.

— Ce serait un grand honneur pour lui, sire, moins pour le poste en lui-même que pour la confiance qu'il indiquerait.

— Et avait-il subi de grandes avaries pendant la tempête, l'amiral?

— Aucune.

— Décidément, murmura le roi en se grattant l'oreille, j'eusse bien fait de tenir la parole que je lui avais donnée.

Le pilote tressaillit.

— Quoi? demanda le roi,

— Rien, sire, si ce n'est que l'amiral serait bien heureux, je crois, s'il entendait sortir de la bouche de Votre Majesté les paroles que je viens d'entendre.

— Ah! je ne m'en cache pas.

Puis, se tournant vers Nelson :

— Savez-vous, milord, lui dit-il, que l'amiral est arrivé ce matin, à huit heures, sans la plus petite avarie. Il faut qu'il soit sorcier, puisque le *Van-Guard*, quoique commandé par vous, c'est-à-dire par le premier marin du monde, a perdu ses perroquets, sa voile de grand foc et — comment dites-vous cela? — sa cira... sa civadière.

— Dois-je traduire à milord ce que Sa Majesté vient de dire? demanda Henry.

— Pourquoi pas? répliqua le roi.

— Littéralement.

— Littéralement, si cela vous fait plaisir.

Henry traduisit les paroles du roi à Nelson.

— Sire, répondit froidement Nelson, Votre Majesté était libre de choisir entre le *Van-Guard* et *la Minerve*; elle a choisi le *Van-Guard*, et tout ce que peuvent faire le bois, le fer et la toile réunis, le *Van-Guard* l'a fait.

— C'est égal, dit le roi, qui prenait plaisir à se venger de Nelson à l'endroit de la pression que, par son intermédiaire, l'Angleterre opérait sur lui, et qui avait sur le cœur sa flotte brûlée, si j'étais venu par *la Minerve*, je serais arrivé depuis le matin, et j'aurais passé une bonne journée à terre. Mais cela ne fait rien; je ne vous en suis pas moins reconnaissant, milord : vous avez fait de votre mieux.

Et il ajouta avec sa feinte bonhomie :

— Qui fait ce qu'il peut, fait ce qu'il doit.

Nelson se mordit les lèvres, frappa du pied, et,

laissant le capitaine Henry sur le pont, rentra dans sa cabine.

En ce moment, le pilote criait :

— Chacun à son poste, pour le mouillage !

Le mouillage, comme l'appareillage, est un des moments solennels d'un grand bâtiment de guerre. Aussi, dès que l'ordre de se rendre à son poste, pour le mouillage, fut donné, le silence le plus profond régna-t-il à bord.

En général, ce silence observé par les passagers eux-mêmes a quelque chose de prestigieux : huit cents hommes, attentifs et muets, attendent un mot.

L'officier de manœuvre, le porte-voix à la main, répéta et le maître d'équipage traduisit au sifflet l'ordre donné par le pilote.

Aussitôt, les matelots, rangés sur les cordages, commencèrent à hâler d'ensemble. Les vergues pivotèrent comme par magie, et le *Van-Guard*, frémissant, passa entre les navires déjà ancrés sans en heurter aucun, et, malgré le peu d'espace qu'il avait pour évoluer, il arriva fièrement au lieu destiné pour son mouillage.

Pendant cette manœuvre, la plupart des voiles avaient été carguées et pendaient en festons sous les vergues. Celles qui étaient encore ouvertes ne servaient qu'à amortir la trop grande vitesse du bâtiment. Le pilote avait placé au gouvernail le matelot sicilien qui avait déjà donné à lord Nelson des renseignements sur les courants et les contre-courants du détroit.

— Mouillez! cria le pilote.

Le porte-voix de l'officier de manœuvre et le sifflet du contre-maître répétèrent le commandement.

Aussitôt, l'ancre se détacha des flancs du vaisseau et tomba avec fracas à la mer : la chaîne massive la suivit en serpentant et faisant jaillir des étincelles des écubiers.

Le vaisseau gronda et frémit, ébranlé jusqu'au plus profond de ses entrailles; il craqua dans toute sa membrure, et, au milieu de la mer bouillonnant à son avant, une dernière secousse se fit sentir, et l'ancre mordit le fond.

L'œuvre du pilote était accomplie : il n'avait plus rien à faire. Il s'approcha respectueusement de Henry et le salua.

Henry lui présenta vingt guinées qu'il était chargé, par lord Nelson, de lui remettre.

Mais le pilote secoua la tête en souriant, et, repoussant la main de Henry :

— Je suis payé par mon gouvernement, dit-il, et, d'ailleurs, je ne reçois d'argent qu'à l'effigie du roi Ferdinand ou du roi Charles.

Le roi ne l'avait point un instant perdu des yeux, et, au moment où il passait près de lui en s'inclinant, il le saisit par la main.

— Dis donc, l'ami, lui demanda-t-il, peux-tu me rendre un petit service?

— Que le roi ordonne, et, s'il est au pouvoir d'un homme d'exécuter son ordre, son ordre sera exécuté.

— Peux-tu me conduire à terre?

— Rien de plus facile, sire... Mais cette pauvre barque, bonne pour un pilote, est-elle digne d'un roi?

— Je te demande si tu peux me conduire à terre?

— Oui, sire.

— Eh bien, conduis-moi.

Le pilote s'inclina, et, revenant à Henry :

— Capitaine, dit-il, le roi veut aller à terre; ayez la bonté de faire descendre l'escalier d'honneur.

Le capitaine Henry demeura un instant stupéfait de ce désir du roi.

— Eh bien? demanda le roi.

— Sire, répondit Henry, je dois transmettre le désir de Votre Majesté à lord Nelson : nul ne peut quitter le vaisseau de Sa Majesté Britannique sans l'ordre de l'amiral.

— Pas même moi? dit le roi. Ainsi, je suis prisonnier sur le *Van-Guard?*

— Le roi n'est prisonnier nulle part; mais plus le voyageur est illustre, plus son hôte se croirait en disgrâce si le voyageur partait sans prendre congé de lui.

Et, saluant le roi, Henry se dirigea vers le cabinet.

— Anglais maudits! murmura le roi entre ses dents, je ne sais à quoi tient que je ne me fasse jacobin pour n'avoir désormais plus d'ordres à recevoir de vous!

Ce désir du roi n'avait pas moins étonné Nelson que Henry. Aussi l'amiral monta-t-il rapidement sur la dunette.

— Est-il vrai, demanda-t-il s'adressant au roi, au mépris de l'étiquette qui ne veut pas que l'on interroge les souverains, est-il vrai que le roi veuille quitter le *Van-Guard* à l'instant?

— Rien de plus vrai, mon cher lord, dit le roi. Je suis à merveille sur le *Van-Guard;* mais je serai encore mieux à terre. Décidément, je n'étais pas né pour être marin.

— Votre Majesté ne reviendra point sur cette résolution?

— Non, je vous le proteste, mon cher amiral.

— Le grand canot à la mer! cria Nelson.

— Inutile, dit le roi. Que Votre Seigneurie ne dérange pas ces braves gens, qui sont fatigués.

— Mais je ne puis croire à ce que m'a dit le capitaine Henry.

— Que vous a dit le capitaine Henry, milord?

— Que le roi voulait descendre à terre dans la barque de ce marin.

— C'est la vérité. Il me paraît à la fois un habile homme et un fidèle sujet. Je crois donc pouvoir me fier à lui.

— Mais, sire, je ne puis permettre qu'un autre patron que moi, qu'un autre canot que celui du *Van-Guard*, et que d'autres matelots que ceux de Sa Majesté Britannique vous déposent à terre.

— Alors, fit le roi, comme je le disais au capitaine Henry tout à l'heure, je suis prisonnier.

— Plutôt que de laisser le roi un instant dans cette croyance, je m'inclinerai à l'intant même devant son désir.

— A la bonne heure; c'est le moyen de nous quitter bons amis, milord.

— Mais la reine? insista Nelson.

— Oh! la reine est fatiguée; la reine est souffrante: ce serait un grand embarras pour elle et les jeunes princesses de quitter ce soir le *Van-Guard*. La reine débarquera demain, Je vous la recommande, milord, avec tout le reste de ma cour.

— Irai-je avec vous, mon père? demanda le jeune prince Léopold.

— Non, non, répondit le roi. Que dirait la reine si je lui prenais son favori!

Nelson s'inclina.

— Descendez l'escalier de tribord, dit-il.

L'escalier fut descendu : le pilote s'affala à un cordage, et fut, en quelques secondes, dans la barque, qu'il amena au pied de l'échelle.

— Milord Nelson, dit le roi, au moment de quitter votre bâtiment, laissez-moi vous dire que je n'oublierai jamais les attentions dont nous avons été comblés à bord du *Van-Guard*, et, demain, vos matelots recevront une preuve de ma satisfaction.

Nelson s'inclina une seconde fois, mais cette fois sans répondre. Le roi descendit l'escalier et s'assit dans la barque avec un soupir d'allégement qui fut entendu de l'amiral resté sur la première marche.

— Pousse! dit le pilote au matelot qui tenait la gaffe.

La barque se détacha de l'escalier et s'en éloigna.

— Nagez, mes garçons, et vivement! dit le pilote.

Les quatre avirons tombèrent en cadence dans la

mer, et, sous leur vigoureuse impulsion, la barque s'avança vers la Marine, c'est-à-dire vers l'endroit du port où attendaient les voitures du roi, en face de la rue de Tolède.

Le pilote sauta le premier à terre, tira la barque et l'assujettit contre la jetée.

Mais, avant qu'il eût tendu la main au roi, le roi avait pris son élan et avait sauté sur le quai.

— Ah ! dit-il avec une joyeuse exclamation, me voilà donc sur la terre ferme. Que le diable emporte maintenant le roi George, l'amirauté, lord Nelson, le *Van-Guard* et toute la flotte de Sa Majesté Britanique ! Tiens, mon ami, voilà pour toi.

Et il tendit sa bourse au pilote.

— Merci, sire, répondit celui-ci en faisant un pas en arrière, mais Votre Majesté a entendu ce que j'ai répondu au capitaine Henry. Je suis payé par mon gouvernement.

— Et tu as même ajouté que tu ne recevais d'argent qu'à l'effigie du roi Ferdinand et du roi Charles : prends donc.

— Sire, êtes-vous sûr que celui que vous me donnez ne soit pas à l'effigie du roi George ?

— Tu es un hardi coquin de vouloir donner une leçon à ton roi. En tout cas, apprends une chose, c'est que, si j'ai reçu de l'argent de l'Angleterre, elle m'en fait payer cher les intérêts. L'argent est pour tes hommes, et cette montre sera pour toi. Si jamais je redeviens roi et que tu aies quelque grâce à me demander, tu viendras à moi, tu me présenteras cette montre, et la grâce te sera accordée.

— Demain, sire, dit le pilote en prenant la montre et en jetant la bourse à ses matelots, je serai au palais, et j'espère que Votre Majesté ne me refusera pas la grâce que j'aurai l'honneur de lui demander.

— Eh bien, dit le roi, celui-là n'aura point perdu de temps.

Et, sautant dans celle des trois voitures qui était la plus rapprochée de lui :

— Au palais royal ! dit-il.

La voiture partit au galop.

XXVI

QUELLE ÉTAIT LA GRACE QU'AVAIT A DEMANDER LE PILOTE.

Prévenu par l'amiral Caracciolo de l'arrivée du roi, le gouverneur du château avait officiellement annoncé cette arrivée aux autorités de Palerme.

Le syndic, la municipalité, les magistrats et le haut clergé de Palerme attendaient le roi depuis trois heures de l'après-midi dans la grande cour du palais. Le roi, qui avait besoin de manger et aussi de dormir, se dit que c'étaient trois discours à entendre, et il en frissonna de la pointe des pieds à la racine des cheveux.

Aussi, prenant le premier la parole :

— Messieurs, dit-il, quel que soit votre talent d'orateurs, je doute que vous trouviez moyen de me dire quelque chose d'agréable. J'ai voulu faire la guerre aux Français, et ils m'ont battu; j'ai voulu défendre Naples, et j'ai été forcé de la quitter; je me suis embarqué, et j'ai essuyé une tempête. Me dire que ma présence vous réjouit serait me dire que vous êtes contents des malheurs qui m'arrivent, et, par-dessus tout, en me disant cela, vous m'empêcheriez de souper et de me coucher; ce qui, dans ce moment, me serait plus désagréable encore que d'avoir été battu par les Français, d'avoir été forcé de me sauver de Naples, et d'avoir eu, pendant trois jours, le mal de mer et la perspective d'être mangé par les poissons, attendu que je meurs de faim et de sommeil. Sur ce, je regarde vos discours comme faits, monsieur le syndic et messieurs du corps municipal.

Je donne dix mille ducats pour les pauvres : vous pouvez les envoyer prendre demain.

Avisant alors l'évêque au milieu de son clergé :

— Monseigneur, dit-il, demain, à Sainte-Rosalie, vous direz un *Te Deum* d'actions de grâces pour la façon miraculeuse dont j'ai échappé au naufrage. J'y renouvellerai solennellement le vœu que j'ai fait à saint François de Paule de lui bâtir une église sur le modèle de Saint-Pierre de Rome, et vous nous désignerez les membres de votre clergé les plus méritants. Si réduits que soient nos moyens, nous tâcherons de les récompenser selon leurs mérites.

Puis, se tournant vers les magistrats et reconnaissant à leur tête le président Cardillo :

— Ah! ah! c'est vous, maître Cardillo ! lui dit-il.

— Oui, sire, répondit le président en saluant jusqu'à terre.

— Êtes-vous toujours mauvais joueur?

— Toujours, sire.

— Et chasseur enragé?

— Plus que jamais.

— C'est bien. Je vous invite à mon jeu, à la condition que vous m'inviterez à vos chasses.

— C'est un double honneur que me fait Votre Majesté.

— Maintenant, messieurs, continua le roi s'adressant à tout le monde, si vous avez aussi faim et aussi soif que moi, j'ai un bon conseil à vous donner: c'est de faire comme moi, c'est-à-dire de souper et vous coucher après.

Cette invitation était un congé bien en règle; aussi la triple députation se retira-t-elle après avoir salué le roi.

Ferdinand, éclairé par quatre domestiques, monta le grand escalier d'honneur, suivi par Jupiter, le seul convive qu'il eût jugé à propos de retenir.

Un dîner de trente couverts était servi.

Le roi s'assit à une extrémité de la table et fit asseoir Jupiter à l'autre, garda un domestique pour lui et en donna deux à son chien, auquel il fit servir de tous les plats qu'il mangea.

Jamais Jupiter ne s'était trouvé à pareille fête.

Puis, après le souper, Ferdinand l'emmena dans sa chambre, lui fit apporter, au pied de son lit, les tapis les plus moelleux, et, passant, avant de se coucher lui-même, la main sur la belle tête intelligente du fidèle animal :

— J'espère, dit-il, que tu ne diras pas, comme je sais quel poëte, que l'escalier d'autrui est rude et que le pain de l'exil est amer.

Sur quoi, il s'endormit, rêva qu'il faisait une pêche miraculeuse dans le golfe de Castellamare et tuait des sangliers par centaines dans la forêt de Ficuzza.

L'ordre était donné à Naples, lorsque le roi n'avait pas sonné à huit heures, d'entrer dans sa chambre et de l'éveiller ; mais, comme le même ordre n'avait pas été donné à Palerme, le roi se réveilla et sonna à dix heures seulement.

Pendant la matinée, la reine, le prince Léopold, les princesses, les ministres et les courtisans avaient débarqué et avaient cherché leurs logements, les uns au palais, les autres dans la ville. Le corps du petit prince avait, en outre, été porté dans la chapelle du roi Roger.

Le roi demeura un instant soucieux et se leva. Cette dernière circonstance qu'il paraissait avoir complétement oubliée, maintenant qu'il était hors de danger, pesait-elle plus tristement sur son cœur paternel, ou bien réfléchissait-il que saint François de Paule avait un peu lésiné dans la protection qu'il lui avait accordée, et qu'en bâtissant l'église qu'il avait votée, il allait payer bien cher une protection qui s'était si incomplétement étendue sur sa famille?

Le roi donna l'ordre que le corps du jeune prince restât exposé toute la journée dans la chapelle et qu'il fût, le lendemain, enterré sans aucune solennité.

Sa mort seulement serait signifiée aux autres cours, et celle des Deux-Siciles, réduite à la Sicile seule, porterait un deuil de quinze jours en violet.

Cet ordre donné, on annonça au roi que l'amiral Caracciolo, qui, la veille, comme nous le savons déjà par le récit du pilote, avait fait le maréchal des logis pour le roi et la famille royale, sollicitait l'honneur d'être reçu par Sa Majesté et attendait son bon plaisir dans l'antichambre.

Le roi s'était rattaché à Caracciolo de toute l'antipathie que commençait à lui inspirer Nelson; aussi s'empressa-t-il d'ordonner qu'on le fît entrer dans le cabinet-bibliothèque attenant à sa chambre à coucher, et, dans son empressement à voir l'amiral, y entra-t-il lui-même avant d'être complétement habillé, et, donnant à son visage l'expression la plus riante possible :

— Ah! mon cher amiral, lui dit-il, je suis bien aise de te voir, d'abord pour te remercier de ce qu'étant arrivé avant moi, tu as aussitôt pensé à moi.

L'amiral s'inclina, et, sans que le bon accueil du roi changeât rien à la gravité de son visage :

— Sire, dit-il, c'était mon devoir comme fidèle et obéissant sujet de Votre Majesté.

— Puis je voulais te faire des compliments sur la façon dont tu as manœuvré ta frégate au milieu de la tempête. Sais-tu que tu as failli faire crever Nelson de rage? J'aurais bien ri, je t'en réponds, si je n'avais pas eu si grand'peur.

— L'amiral Nelson, répondit Caracciolo, ne pouvait faire, avec un bâtiment lourd et mutilé comme le *Van-Guard*, ce que je pouvais faire avec ma frégate, bâtiment léger de construction moderne, et qui n'a jamais souffert. L'amiral Nelson a fait ce qu'il a pu.

— C'est ce que je lui ai dit, avec un autre sens peut-être, mais absolument dans les mêmes termes; et j'ai même ajouté que j'avais un profond regret de t'avoir manqué de parole et d'être venu avec lui, au lieu d'être venu avec toi.

— Je le sais, sire, et j'en suis profondément touché.

— Tu le sais! et qui te l'a dit? Ah! je comprends: le pilote?

Caracciolo ne répondit point à la question du roi. Mais, au bout d'un instant:

— Sire, dit-il, je viens demander une grâce au roi.

— Bien! tu tombes dans un bon moment! Parle.

— Je viens demander au roi de vouloir bien accepter ma démission d'amiral de la flotte napolitaine.

Le roi recula d'un pas, tant il s'attendait peu à cette demande.

— Ta démission d'amiral de la flotte napolitaine! dit-il. Et pourquoi?

— D'abord, sire, parce qu'il est inutile d'avoir un amiral quand on n'a plus de flotte.

— Oui, je le sais bien, dit le roi avec une visible expression de colère, milord Nelson l'a brûlée; mais, un jour ou l'autre, nous serons les maîtres chez nous, et nous la reconstruirons.

— Mais, alors, répondit froidement Caracciolo, comme j'ai perdu la confiance de Votre Majesté, je ne pourrai plus la commander.

— Tu as perdu ma confiance, toi, Caracciolo?

— J'aime mieux croire cela, sire, que d'avoir à reprocher, à un roi dans les veines duquel coule le plus vieux sang royal d'Europe, d'avoir manqué à sa parole.

— Oui, c'est vrai, dit le roi, je t'avais promis...

— De ne point quitter Naples, d'abord, ou, si vous le quittiez, de ne le quitter que sur mon bâtiment.

— Voyons, mon cher Caracciolo! dit le roi tendant la main à l'amiral.

L'amiral prit la main du roi, la baisa respectueusement, fit un pas en arrière et tira un papier de sa poche.

— Sire, dit-il, voici ma démission, que je prie Votre Majesté d'accepter.

— Eh bien, non, je ne l'accepte pas, ta démission, je la refuse.

— Votre Majesté n'en a pas le droit.

— Comment, je n'en ai pas le droit? Je n'ai pas le droit de refuser ta démission?

— Non, sire; car Votre Majesté m'a promis hier de m'accorder la première grâce que je lui demanderais; eh bien, cette grâce, c'est de vouloir bien recevoir et accepter ma démission.

— Hier, je t'ai promis?... Tu deviens fou!

Caracciolo secoua la tête.

— J'ai toute ma raison, sire.

— Hier, je ne t'ai point vu.

— C'est-à-dire que Votre Majesté ne m'a point reconnu. Mais peut être reconnaîtra-t-elle cette montre?

Et Caracciolo tira de sa poitrine une montre magnifique, ornée du portrait du roi et enrichie de diamants.

— Le pilote! s'écria le roi en reconnaissant la montre qu'il avait donnée, la veille, à l'homme qui, si habilement, l'avait conduit dans le port; le pilote!

— C'était moi, sire, répondit Caracciolo en s'inclinant.

— Comment! tu as consenti, toi, un amiral, à faire le métier de pilote?

— Sire, il n'y a point de métier inférieur quand il s'agit du salut du roi.

La figure de Ferdinand prit une expression de mélancolie qu'elle ne revêtait qu'à de bien rares intervalles.

— En vérité, dit-il, je suis un prince bien malheureux : ou l'on éloigne mes amis de moi, ou ils s'éloignent de moi eux-mêmes.

— Sire, répondit Caracciolo, vous avez tort de vous en prendre à Dieu du mal que vous faites ou du mal que vous laissez faire. Dieu vous a donné pour père un roi non-seulement puissant, mais illustre; vous aviez un frère aîné qui devait hériter du sceptre et de la couronne de Naples : Dieu a permis que la folie le touchât du doigt au front et l'écartât de votre chemin. Vous êtes homme, vous êtes roi, vous avez la volonté, vous avez le pouvoir; doué du libre arbitre, vous pouvez choisir entre le bien et le mal, le bon et le mauvais : vous choisissez le mal, sire, de sorte que le bien et le bon s'éloignent de vous.

— Caracciolo, dit le roi, plus triste qu'irrité, sais-tu que personne ne m'a jamais parlé comme tu me parles?

— Parce qu'à part un homme qui, comme moi, aime le roi et veut le bien de l'État, Votre Majesté n'a autour d'elle que des courtisans qui n'aiment qu'eux-mêmes et ne veulent que les honneurs de la fortune.

— Et cet homme, quel est-il?

— Celui que le roi avait oublié à Naples, et que j'ai transporté, moi, en Sicile, le cardinal Ruffo.

— Le cardinal sait, comme toi, que je suis toujours prêt à le recevoir et à l'écouter.

— Oui, sire; seulement, après nous avoir reçus et écoutés, vous suivrez les conseils de la reine, d'Acton et de Nelson. Sire, je suis désespéré de manquer au respect que je dois à une auguste personne, mais ces trois noms seront maudits dans les temps et dans l'éternité.

— Et crois-tu que je ne les maudisse pas, moi? dit le roi; crois-tu que je ne voie pas qu'ils mènent l'État à sa ruine, et moi à ma perte? Je suis un imbécile, mais je ne suis pas un sot.

— Eh bien, alors, luttez, sire !

— Lutter, lutter! cela t'est bien aisé à dire, à toi. Je ne suis pas un homme de lutte, Dieu ne m'a pas créé pour le combat. Je suis un homme de sensations et de plaisirs, un bon cœur que l'on rend mauvais à force de le tourmenter et de l'aigrir. Ils sont là trois ou quatre à se disputer le pouvoir, à tirailler, l'un la couronne, l'autre le sceptre... Je les laisse faire.

Le sceptre, la couronne, c'est mon Calvaire ; le trône, c'est mon Golgotha. Je n'ai point demandé à Dieu d'être roi. J'aime la chasse, la pêche, les chevaux, les belles filles, et n'ai pas d'autre ambition. Avec dix mille ducats de rente et la liberté de vivre à ma guise, j'eusse été l'homme le plus heureux de la terre. Mais non, sous prétexte que je suis roi, on ne me laisse pas un instant de repos. Cela se comprendrait si je régnais ; mais ce sont les autres qui règnent sous mon nom, ce sont les autres qui font la guerre, et c'est moi qui reçois les coups ; ce sont les autres qui font les fautes, et c'est moi qui, officiellement, dois les réparer. Tu me demandes ta démission, tu as bien raison ; mais c'est aux autres que tu devrais la demander, car ce sont eux que tu sers, et non pas moi.

— Et voilà pourquoi, voulant servir mon roi, et non les autres, je désire rentrer dans cette vie privée que Votre Majesté ambitionnait tout à l'heure. Sire, pour la troisième fois, je supplie donc Votre Majesté de vouloir bien accepter ma démission, et, au besoin, je l'en adjure, au nom de la parole qu'elle m'a donnée hier.

Et Caracciolo présenta au roi d'une main sa démission et de l'autre une plume pour l'accepter.

— Tu le veux ? dit le roi.

— Sire, je vous en supplie.

— Et, si je signe, où iras-tu?

— Je retournerai à Naples, sire.

— Qu'iras-tu faire à Naples?

— Servir mon pays, sire. Naples est dans cette situation où elle a besoin de l'intelligence et du courage de tous ses enfants.

— Prends garde à ce que tu feras à Naples, Caracciolo!

— Sire, je tâcherai de m'y conduire comme je l'ai fait jusqu'ici, en honnête homme et en bon citoyen.

— Cela te regarde. Tu insistes toujours?

Carracciolo se contenta de montrer à Ferdinand, du bout du doigt, la montre qu'il avait déposée sur la table.

— Tête de fer! dit le roi avec impatience.

Et, prenant la plume, il écrivit au bas de la démission :

« Accordé; mais que le chevalier Carracciolo n'oublie pas que Naples est au pouvoir de mes ennemis. »

Et il signa, comme d'habitude : FERDINAND B. (1)

Carracciolo jeta les yeux sur les trois lignes que venait d'écrire le roi, plia sa démission, la mit dans

(1) Nous avons relevé l'apostille du roi sur la démission elle-même.

sa poche, salua respectueusement Ferdinand, et s'apprêta à sortir.

— Tu oublies ta montre, dit le roi.

— Cette montre n'a pas été donnée à l'amiral, elle a été donnée au pilote. Sire, hier, le pilote n'existait point; aujourd'hui, l'amiral n'existe plus.

— Mais j'espère, dit le roi avec cette dignité qui de temps en temps, apparaissait chez lui comme un éclair, j'espère que l'ami leur survit. Prends cette montre, et, si jamais tu es prêt à trahir ton roi, regarde le portrait de celui qui te l'a donnée.

— Sire, répondit Caracciolo, je ne suis plus au service du roi; je suis simple citoyen : je ferai ce que m'ordonnera mon pays.

Et il sortit, laissant le roi non-seulement triste, mais rêveur.

Le lendemain, ainsi que Ferdinand l'avait ordonné, les obsèques de son fils le prince Albert eurent lieu sans pompe, comme eussent eu lieu celles d'un enfant ordinaire.

Le corps fut déposé dans les caveaux de la chapelle du château connue sous le nom de chapelle du roi Roger.

XXVII

LA ROYAUTÉ A PALERME.

Nous avons vu, dans un des chapitres précédents, que la première chose que le roi avait réorganisée avant son conseil des ministres, et aussitôt son arrivée à Palerme, c'était sa partie de reversi.

Par bonheur, comme l'avait pensé Ferdinand, le duc d'Ascoli, dont il ne s'était pas occupé, avait trouvé moyen de passer en Sicile, poussé par ce dévouement naïf et persévérant qui était sa principale vertu, vertu dont le roi ne lui savait pas plus gré qu'à Jupiter de sa fidélité.

Le duc d'Ascoli était allé trouver Caracciolo pour lui demander passage à son bord, et, comme Caracciolo savait que le duc d'Ascoli était le meilleur et le plus désintéressé des amis du roi, il avait à l'instant même accordé au duc ce qu'il lui demandait.

Le roi trouva donc, au nombre des personnes qui, dès le soir de son arrivée, vinrent lui faire leur cour, son compagnon de fuite d'Albano, le duc d'Ascoli. Mais sa présence n'étonna point le roi, et, pour tout compliment :

— Je savais bien, lui dit-il, que tu trouverais moyen de venir.

On se rappelle, en outre, qu'au nombre des magistrats qui étaient venus faire leur cour au roi était une vieille connaissance à lui, le président Cardillo, qui ne venait jamais à Naples sans avoir l'honneur de dîner une fois à la table du roi ; en échange de quoi, le roi lui faisait l'honneur, chaque fois qu'il venait à Palerme, d'aller chasser une fois au moins dans son magnifique fief d'Illice.

Le roi faisait, en faveur du président Cardillo, une exception à ses sympathies et à ses antipathies. D'habitude, Ferdinand, très-aristocrate, quoique très-populaire, et même très-populacier, exécrait la noblesse de robe. Mais le président Cardillo l'avait séduit par deux puissants attraits. Le roi aimait la chasse, et le président Cardillo était, depuis Nemrod et après le roi Ferdinand, un des plus puissants chasseurs devant Dieu qui eussent jamais existé. Le roi détestait les cheveux à la Titus, les moustaches et les favoris, et le président Cardillo n'avait pas un cheveu sur la tête et pas un poil sur les joues ni au menton ; la majestueuse perruque sous laquelle le digne magistrat dissimulait sa calvitie avait donc le rare privilége d'être bien reçue par le roi. Aussi jeta-t-il immédiatement les yeux sur lui pour faire, avec d'Ascoli et Malaspina, les partenaires habituels de sa partie de reversi.

Les autres joueurs sans carte, comme on pourrait dire des ministres sans portefeuille, étaient le prince de Castelcicala, le seul des trois membres de la junte d'État que la reine eût daigné couvrir de sa protection en l'emmenant avec elle; le marquis de Cirillo, que le roi venait de faire son ministre de l'intérieur, et le prince de San-Cataldo, un des plus riches propriétaires de la Sicile méridionale.

Cet attelage du roi, si l'on nous permet de désigner ainsi les trois courtisans qui avaient l'honneur d'être désignés pour son jeu, était bien la plus étrange réunion d'originaux qui se pût voir.

Nous connaissons le duc d'Ascoli, auquel à tort nous donnerions le nom de courtisan. Le duc d'Ascoli était une de ces figures sereines, courageuses et loyales comme on en rencontre si rarement à la cour. Son dévouement au roi était désintéressé de toute ambition. Jamais il ne lui était arrivé de solliciter une faveur pécuniaire ou honorifique; ni, le roi lui ayant offert une de ces faveurs, de lui rappeler qu'il la lui avait offerte, s'il l'oubliait. Le duc d'Ascoli était le type du véritable gentilhomme, amoureux de la royauté comme d'une institution sacro-sainte, s'étant imposé de son plein gré des devoirs avec elle, et convertissant de son plein gré ces devoirs en obligations.

Le marquis Malaspina, tout au contraire, était un de ces caractères quinteux, querelleurs et rétifs, qui regimbent à tout, et qui cependant finissent par obéir, quel que soit l'ordre donné par le maître, se vengeant de cette obéissance par des mots piquants et des boutades misanthropiques, mais enfin obéissant. C'était, comme le disait Catherine de Médicis, du duc de Guise, un de ces roseaux peints en fer qui plient quand on appuie dessus.

Le quatrième, le président Cardillo, a été déjà esquissé par nous, et nous n'avons plus que quelques traits à ajouter pour compléter son portrait.

Le président Cardillo, avant que le roi y vînt, était l'homme le plus violent, et, en même temps, le plus mauvais joueur de la Sicile; le roi venu, il était, comme César, s'il tenait absolument à rester le premier, obligé d'aller chercher quelque village de la Sardaigne ou de la Calabre.

Dès le premier soir où il fut admis au jeu du roi, le président Cardillo donna, par un mot, la mesure de sa soumission à l'étiquette royale.

Le cardinal attendait le roi debout et le sourir sur les lèvres.

— Eh bien, mon éminentisime, dit le roi, vous savez les nouvelles?

— Le prince héréditaire est débarqué à Brindisi, et toute la pointe méridionale de la Calabre est en feu.

— Oui; mais, par malheur, il n'y a pas un mot de vrai dans tout cela. Le prince héréditaire n'est pas plus en Calabre que moi, qui me garderai bien d'y aller : il est à la Favorite.

— Où il commente fort savamment, avec le chevalier San-Felice, l'*Erotika Biblion*.

— Qu'est-ce que cela, l'*Erotika Biblion?*

— Un livre fort savant sur l'antiquité, écrit par M. le comte de Mirabeau, pendant sa captivité au château d'If.

— Mais enfin, si grand savant que soit mon fils, il n'a pas encore découvert la baguette de l'enchanteur Merlin, et il ne peut être à la fois en Calabre et à la Favorite.

— Cela est pourtant ainsi.

— Voyons, mon cher cardinal, ne me faites pas languir et donnez-moi le mot de l'énigme.

— Le roi le veut?

— Votre ami vous en prie.

lorsqu'il était près d'éclater, il le regardait et lui adressait la première question venue. Alors le, pauvre président, forcé de répondre courtoisement, souriait avec rage, mais en même temps aussi gracieusement qu'il lui était possible, reposait sur la table l'objet quelconque qu'il était prêt à lancer au plafond ou à briser sur le parquet, et s'en prenait aux boutons de son habit, qu'il se contentait d'arracher et que l'on retrouvait le lendemain semés sur le tapis.

Le quatrième jour, cependant, le président n'y put tenir. Il jeta au nez du marquis Malaspina les cartes qu'il n'osait jeter au nez du roi, et, comme il tenait son mouchoir d'une main et sa perruque de l'autre, et qu'une sueur de colère ruisselait sur son visage, il se trompa de main, commença par s'essuyer la figure avec sa perruque et finit par se moucher dedans.

Le roi pensa mourir de rire et se promit de se donner le plus souvent possible cette comédie.

Aussi, Ferdinand se garda-t-il bien de refuser la première invitation de chasse que lui fit le président Cardillo.

Le président Cardillo avait, comme nous l'avons dit, un magnifique fief donnant cinq mille onces d'or de revenus à Illice (1) : au milieu de ce fief, s'élevait un château digne de loger un roi.

---

(1) 60,000 francs.

Le roi y arriva la veille de la chasse pour y dîner et pour y coucher.

Ferdinand était curieux, il se fit montrer le château dans tous ses détails. Sa chambre, qui était la chambre d'honneur, était en face de celle de son hôte.

Le soir, après avoir fait, comme d'habitude, sa partie de reversi et avoir, comme d'habitude encore, exaspéré son hôte, il se coucha; mais, quoique son lit eût un dais comme un trône, le roi, toujours jeune et neuf à l'endroit de la chasse, se réveilla une heure avant que le cor sonnât la diane.

Ne sachant que faire dans son lit, et ne pouvant se rendormir, il eut l'idée de voir quelle figure faisait un président dans son lit, sans perruque et en bonnet de nuit.

La chose était d'autant moins indiscrète que le président était veuf.

En conséquence, le roi se leva, alluma sa bougie, se dirigea en chemise vers la porte de la chambre de son hôte, tourna la clef et entra.

Si grotesque que fût le spectacle auquel s'attendait le roi, il ne pouvait même soupçonner celui qui s'offrit à ses yeux.

Le président, sans perruque et en chemise, lui aussi, était assis, au milieu de la chambre, sur cette espèce de trône où M. de Vendôme reçut Alberoni. Le roi, au lieu de s'étonner et de refermer la porte, alla directement à lui, tandis que, surpris à l'improviste, le pauvre président demeurait immobile et sans dire une parole. Le roi, alors, lui mit sa bougie sous le nez pour mieux voir quel visage il faisait, puis commença de faire le tour de la statue et de son piédestal avec une admirable gravité, tandis que la tête seule du président, qui s'appuyait des deux mains sur son siége, pareille à celle d'un magot de la Chine, accompagnait Sa Majesté par un mouvement central pareil à son mouvement circulaire.

Enfin, les deux astres, qui accomplissaient leur périple, se retrouvèrent en face l'un de l'autre, et, comme le roi s'était redressé et gardait le silence :

— Sire, dit le président avec le plus grand sang-froid, le cas n'étant pas prévu par l'étiquette, dois-je rester assis ou me lever?

— Reste assis, reste assis! dit le roi; mais voilà quatre heures qui sonnent, ne nous fais pas attendre.

Et Ferdinand sortit de la chambre avec la même gravité qu'il y était entré.

Mais, quelque gravité que le roi eût affectée, cette aventure n'en était pas moins une de celles que, dans l'avenir, il avait le plus de plaisir à raconter, toutefois après celle de sa fuite avec Ascoli, fuite dans laquelle, selon lui, Ascoli avait mille chances pour une d'être pendu.

La chasse chez le président fut magnifique. Mais quel jour, fût-ce dans la bienheureuse Sicile, peut être sûr de s'écouler sans quelque petit nuage au ciel? Le roi, nous l'avons dit, était un admirable tireur, et qui n'avait probablement pas son égal. Il ne tirait jamais qu'à balle franche et était toujours sûr de mettre sa balle au défaut de l'épaule; ce qui, à la chasse au sanglier, est d'une grande importance, parce que l'animal n'est vulnérable mortellement que là. Mais ce qu'il y avait de curieux, c'est qu'il exigeait de ceux qui chassaient avec lui la même adresse que lui.

Aussi, le soir de cette première et fameuse chasse qu'il faisait chez le président Cardillo, comme tous les chasseurs étaient réunis autour d'un monceau de sangliers, trophée cynégétique de la journée, il en vit un qui était frappé au ventre.

Aussitôt, la rougeur lui monta au front, et, jetant un regard furieux autour de lui :

— Quel est, demanda-t-il, le porc qui a fait un pareil coup?

— Moi, sire, répondit Malaspina. Faut-il me pendre pour cela?

— Non, répondit le roi; mais, les jours de chasse, il faut rester chez vous.

Le marquis Malaspina, à partir de ce moment, non-seulement resta chez lui les jours de chasse, mais encore fut remplacé au jeu du roi par le marquis de Circello.

Au reste, le jeu du roi n'était pas le seul établi dans le grand salon du palais royal, situé dans le pavillon carré qui surmonte la porte de Montreale. A quelques pas de la table de reversi du roi, il y avait la table de pharaon, où trônait Emma Lyonna, soit qu'elle fît la banque ou pontât. C'était au jeu surtout que l'on pouvait, sur les traits mobiles de la belle Anglaise, étudier le flux et le reflux des passions. Extrême en tout, Emma jouait avec rage, et aimait à plonger ses belles mains dans les flots d'or qu'elle amassait sur ses genoux et qu'elle faisait rouler en fauves cascades de ses genoux sur le tapis vert. Lord Nelson, qui ne jouait jamais, se tenait assis derrrère elle ou debout appuyé à son fauteuil, dévorant ses belles épaules de l'œil qui lui restait, ne parlant à personne qu'à elle et toujours à voix basse et en anglais.

Là, tandis que le roi jouait à gagner ou à perdre mille ducats au plus, on jouait à en gagner ou en perdre vingt, trente, quarante mille.

C'était autour de cette table que se tenaient les plus riches seigneurs de la Sicile, et, au milieu de ces hommes, quelques-uns de ces joueurs heureux qui sont renommés par leur constante fortune au jeu.

Si Emma voyait à l'un d'eux une bague ou une épingle qui lui plût, elle la faisait remarquer à Nelson, qui, le lendemain, se présentait chez le propriétaire du diamant, du rubis ou de l'émeraude; et, à quelque prix que ce fût, l'émeraude, le rubis ou le diamant passait du doigt ou du cou de son propriétaire au doigt ou au cou de la belle favorite.

Quant à sir William, occupé d'archéologie ou de politique, il ne voyait rien, n'entendait rien, faisait sa correspondance politique avec Londres, ou classait ses échantillons géologiques.

Si l'on nous accusait d'exagérer la cécité conjugale du digne ambassadeur, nous répondrions par cette lettre de Nelson, en date du 12 mars 1799, adressée à sir Spencer Smith, et qui fait partie des lettres et dépêches publiées à Londres, après la mort de l'illustre amiral :

« Mon cher monsieur,

» Je désire deux ou trois beaux châles de l'Inde, quels qu'en soient les prix. Comme je ne connais personne à Constantinople que je puisse charger de cette emplette, je prends la liberté de vous prier de me faire rendre ce service. J'en payerai le prix avec mille remerciments, soit à Londres, soit partout ailleurs, aussitôt qu'on me le fera connaître.

» En faisant ce que je vous demande, vous acquerrez un nouveau titre à la reconnaissance de

» NELSON. »

Cette lettre n'a pas besoin de commentaires, il nous semble; elle prouve qu'Emma Lyonna, en épousant sir William, n'avait point tout à fait oublié les habitudes de son ancien métier.

Quant à la reine, elle ne jouait jamais, ou du moins jouait sans animation et sans plaisir. Chose étrange, il y avait une passion inconnue à cette femme de passion. En deuil du jeune prince Albert, si vite disparu, plus vite encore oublié, elle se tenait avec les jeunes princesses, en deuil comme elle, dans un coin du salon, occupée à quelque travail d'aiguille. Pendant le jeu, trois fois par semaine, le prince de Calabre venait avec sa jeune épouse faire au roi sa visite. Ni lui ni la princesse Clémentine ne jouaient. La princesse s'asseyait près de la reine sa belle-mère, au milieu des jeunes princesses ses belles-sœurs, et se mettait à dessiner ou à faire de la tapisserie avec elles.

Le duc de Calabre allait d'un groupe à l'autre et se mêlait à la conversation, quelle qu'elle fût, avec cette faconde facile et superficielle qui, aux yeux des ignorants, passe pour de la science.

Un étranger qui fût entré dans ce salon et qui n'eût point su à qui il avait affaire, n'eût jamais deviné que ce roi qui faisait si gaiement sa partie de reversi, que cette femme qui brodait si froidement un dossier de fauteuil, que ce jeune homme enfin qui, d'un visage si riant, saluait tout le monde, étaient un roi, une reine et un prince royal venant de perdre leur royaume et ayant depuis peu de jours seulement mis le pied sur la terre de l'exil.

Le visage seul de la princesse Clémentine portait la trace d'un profond chagrin; mais on sentait que, tombant dans l'extrémité opposée, le chagrin était plus grand que celui qu'on éprouve de la perte d'un trône; on comprenait que la pauvre archiduchesse avait perdu son bonheur, sans espoir de le retrouver jamais.

XXVIII

LES NOUVELLES.

Quoique le roi Ferdinand eût mis, comme nous l'avons dit, moins d'empressement à réorganiser son ministère que sa partie de reversi, au bout de deux ou trois jours, il avait établi quelque chose qui ressemblait à un conseil d'État. Il avait rendu à Ariola, disgracié d'abord, son ministère de la guerre, car il avait bien vite reconnu que les traîtres étaient ceux qui lui avaient conseillé la guerre, et non ceux qui l'en avaient dissuadé. Il avait nommé le marquis de Circello à l'intérieur, et le prince de Castelcicala — auquel il fallait une compensation de la perte de sa place d'ambassadeur à Londres et de membre de la junte d'État à Naples — ministre des affaires étrangères.

Le premier qui apporta à Palerme des nouvelles de Naples fut le vicaire général prince Pignatelli. Il avait, nous l'avons dit, pris la fuite le même soir où, mis en demeure de livrer le trésor de l'État à la municipalité et de se démettre de ses pouvoirs aux mains des élus, il avait demandé douze heures pour réfléchir.

Le prince Pignatelli fut fort mal reçu du roi et surtout de la reine. Le roi lui avait recommandé de ne traiter à aucun prix avec les Français et les rebelles, ce qui, à ses yeux, était tout un, et cependant il avait signé la trêve de Sparanisi; la reine lui avait ordonné de brûler Naples en la quittant et de tout égorger, *à partir des notaires et au-dessus*, et il n'avait pas incendié le plus petit palais, égorgé le moindre patriote.

Le prince Pignatelli fut exilé à Castanisetta.

Successivement, et par des voies diverses, on apprit l'émeute contre Mack et la protection que celui-ci avait trouvée sous la tente du général français; la nomination de Maliterno comme général du peuple, l'adjonction qu'il s'était faite de Rocca-Romana comme lieutenant, et enfin la marche toujours plus rapprochée des Français sur Naples.

Enfin, un matin, par une tartane de Castellamare, après trois jours et demi de traversée, un homme aborda à Palerme, se disant porteur des nouvelles les plus importantes. Il avait, disait-il, échappé par miracle aux jacobins, et, montrant ses poignets meurtris par les cordes qui l'avaient lié, il demandait à parler au roi.

Le roi, prévenu, fit demander qui il était.

Il répondit qu'il se nommait Roberto Brandi et était gouverneur du château Saint-Elme.

Le roi, jugeant, en effet, qu'il devait apporter des nouvelles positives, ordonna qu'il fût introduit.

Roberto Brandi, introduit, raconta au roi que, la nuit qui avait précédé l'attaque des Français sur Naples, une émeute terrible avait éclaté parmi les hommes de la garnison du château Saint-Elme. Il était alors, racontait-il toujours, sorti un pistolet de chaque main; mais les rebelles s'étaient jetés sur lui. Il avait fait une résistance désespérée. De ses deux coups, il avait tué un homme et en avait blessé un autre. Mais que pouvait-il faire contre cinquante hommes? Ils s'étaient rués sur lui, l'avaient garrotté et jeté dans le cachot de Nicolino Caracciolo, qu'ils avaient délivré et nommé commandant du château à sa place. Il était resté, ajoutait-il encore soixante et douze heures enfermé dans son cachot, sans que personne songeât à lui apporter ni un verre d'eau, ni un morceau de pain. Enfin, un geôlier, qui lui devait sa place, en avait eu pitié, et, le troisième jour, au milieu de la confusion du combat, était descendu près de lui et lui avait apporté un déguisement à l'aide duquel il avait pu fuir. Mais, comme, dans le premier moment, il lui avait été impossible de trouver un moyen de transport, il avait été obligé de rester deux jours caché chez un ami, ce qui lui avait permis d'assister à l'entrée des Français à Naples et à la trahison de saint Janvier. Enfin, après la proclamation de la république parthénopéenne, il avait gagné Castellamare, où, à prix d'or, le patron d'une tartane avait consenti à le prendre à son bord et à le transporter en Sicile. Il avait fait la traversée en trois jours, et arrivait pour mettre son dévouement aux pieds de ses augustes souverains.

Le récit était des plus touchants. Roberto Brandi, après l'avoir fait au roi, le renouvela devant la reine, et, comme la reine, bien autrement que le roi, était appréciatrice des grands dévouements, elle fit compter à la victime de Nicolino Caracciolo et des jacobins une somme de dix mille ducats, d'abord, puis le fit nommer gouverneur du château de Palerme aux mêmes appointements qu'il avait au château Saint-Elme, promettant de faire quelque chose de mieux pour lui, le jour où, son royaume reconquis, elle rentrerait à Naples.

Un conseil fut à l'instant même réuni chez la reine : Acton, Castelcicala, Nelson et le marquis de Circello y furent convoqués.

Il s'agissait d'empêcher la Révolution, triomphante à Naples, de traverser le détroit et de pénétrer en Sicile. C'était peu de chose que de posséder une île, après avoir possédé une île et un continent ; c'était peu de chose que d'avoir un million et demi de sujets, après en avoir eu sept millions ; mais enfin une île et un million et demi de sujets valent mieux que rien, et le roi tenait à garder Palerme, où il faisait sa partie de reversi tous les soirs, où le président Cardillo lui donnait de si belles chasses, et à régner sur ses quinze cent mille Siciliens.

Comme on le pense bien, le conseil ne décida rien ; la reine, qui saisissait les petits détails et pouvait monter les rouages inférieurs d'une machine, était incapable d'avoir une grande idée et d'organiser un plan d'une certaine importance. Le roi se contentait de dire :

— Moi, vous le savez, je ne voulais pas la guerre. Je m'en suis lavé et je m'en lave encore les mains. Que ceux qui ont fait le mal y trouvent un remède. Seulement, saint Janvier me le payera ! Et, pour commencer, en arrivant à Naples, je fais bâtir une église à saint François de Paule.

Acton, écrasé par les événements, et surtout par la connaissance que le roi avait eue de la part qu'il avait prise à la falsification de la lettre de son gendre l'empereur d'Autriche, sentant son impopularité grandir chaque jour, craignait de donner un avis qui conduisît l'État plus bas encore qu'il n'était, et offrait de donner sa démission en faveur de celui qui ouvrirait cet avis. Le prince de Castelcicala, diplomate inférieur, qui ne dut la haute position qu'il occupa en France et en Angleterre qu'à la faveur de Ferdinand et à la récompense de ses crimes, était impuissant aux situations extrêmes. Nelson, homme de guerre, marin terrible, capitaine de génie sur son élément, devenait d'une effrayante nullité en face de toute situation qui ne devait point se terminer par un branle-bas de combat. Enfin, le marquis de Circello, qui, pendant dix ou onze ans, garda près du roi la position qui venait de lui être faite, était ce que les rois appellent un bon serviteur, en ce qu'il obéit sans réplique aux ordres qu'il reçoit, ces ordres fussent-ils absurdes;—et ce que l'avenir n'appelle d'aucun nom, cherchant inutilement sa trace dans les événements contemporains et n'y trouvant que sa signature au-dessous de celle du roi.

Le seul homme qui, en pareille circonstance, eût pu donner un bon conseil et qui même l'avait déjà plusieurs fois donné au roi, c'était le cardinal Ruffo. Son génie plein d'audace, de ressources et d'invention, était de ceux auxquels les rois peuvent recourir en toute circonstance. Le roi le savait et il y avait personnellement recouru.

Mais le cardinal lui avait constamment répondu par ces paroles : « Transporter la contre-révolution en Calabre, et mettre à la tête de la contre-révolution le duc de Calabre. »

La première moitié du conseil agréait assez au roi; mais la seconde partie lui paraissait absolument impraticable.

Le duc de Calabre était le digne fils de son père, et il avait horreur de tout moyen politique qui pût compromettre sa précieuse existence. Il n'avait jamais voulu aller en Calabre, de peur d'y attraper la fièvre, et cela, quelques instances que le roi eût pu lui faire. A coup sûr, le roi n'obtiendrait point de lui d'y aller lorsqu'il s'agirait non-seulement d'y risquer la fièvre, mais d'y recevoir, en outre, des coups de fusil.

Aussi le roi, sachant d'avance l'inutilité de l'ouverture, n'avait-il pas dit un mot à son fils de ce projet.

Le conseil se sépara donc, comme nous l'avons dit, sans avoir rien décidé, se donnant à lui-même ce prétexte que, les renseignements sur l'état des choses étant insuffisants, il fallait en attendre de nouveaux.

La situation était claire cependant et ne pouvait guère le devenir davantage.

Les Français étaient maîtres de Naples, la république parthénopéenne était proclamée et le gouvernement provisoire envoyait des représentants pour démocratiser la province.

Seulement, comme le conseil voulait avoir l'air de délibérer, s'il ne faisait point autre chose, il décida qu'il se réunirait le lendemain et les jours suivants.

Et cependant, comme on va le voir, le conseil avait bien fait de décider qu'il fallait attendre d'autres nouvelles; car, le lendemain, arriva une nouvelle à laquelle personne ne s'attendait.

Son Altesse le prince royal avait fait une descente en Calabre, s'était fait reconnaître à Brindisi et à Tarente, et avait soulevé toute la pointe méridionale de la péninsule.

A cette nouvelle, annoncée officiellement par le marquis de Circello, qui la tenait d'un courrier arrivé le jour même de Reggio, les membres du conseil se regardèrent avec étonnement, et le roi éclata de rire.

Nelson, qui comprenait un pareil événement parce qu'il était dans sa nature de le conseiller ou de l'accomplir, fit observer que, depuis huit jours, le prince avait quitté Palerme pour se rendre au château de la Favorite; que, depuis huit jours, on ne l'avait point vu, et qu'il était possible que, sans en rien dire à personne, poussé par son courage, il eût rêvé et mis à exécution cette entreprise, qui paraissait avoir si bien réussi.

Cette fois, le roi haussa les épaules.

Mais, comme, à tout prendre, l'invraisemblable est encore possible, le roi consentit à ce que l'on fît monter un homme à cheval, qui courrait à la Favorite et demanderait, au nom du roi, inquiet de cette longue absence, des nouvelles de son fils.

L'homme monta à cheval, partit au galop et revint annoncer que le prince saluait son auguste père et se portait à merveille. Il l'avait vu, lui avait parlé, et sa reconnaissance était grande pour cette sollicitude paternelle à laquelle le roi ne l'avait pas habitué.

Le conseil, qui, la veille, s'était séparé sans prendre de décision, parce que les nouvelles n'étaient point assez importantes, se sépara, cette fois, sans en prendre encore parce qu'elles l'étaient trop.

Le roi, en rentrant chez lui, ouvrait la bouche pour donner l'ordre d'aller chercher le cardinal Ruffo, lorsque l'on prévint Sa Majesté que celui-ci l'attendait dans son appartement, usant du privilége qui lui avait été donné d'entrer chez le roi à toute heure et sans jamais faire antichambre.

Une des principales préoccupations du joueur au reversi est de se défaire de ses as. Or, le roi Ferdinand, s'étant aperçu que, pouvant se défaire d'un as, il l'avait gardé dans sa main, s'était écrié :

— Suis-je assez bête ! je pouvais me défaire de mon as, et je l'ai gardé !

— Eh bien, moi, répondit le président, je suis encore plus bête que Votre Majesté ; car, pouvant faire quinola, je ne l'ai point fait.

Le roi se mit à rire, et le président, qui était déjà fort dans son estime, y entra d'un nouveau cran. Sa franchise rappelait probablement au roi celle de ses bons lazzaroni.

Cela n'était qu'un mot ; mais le président ne se bornait pas toujours aux mots. Il entrait dans la série des faits et des gestes. A la moindre contradiction, par exemple, ou à la moindre faute de son partenaire contre les règles du jeu, il faisait voler les jetons, les cartes, l'argent, les chandeliers. Mais, lorsqu'il se vit assis à la table de Sa Majesté, le pauvre président eut une muselière et fut obligé de ronger son frein.

Cela alla bien pendant trois ou quatre soirées. Mais le roi, qui connaissait par expérience le caractère du président, et qui, d'ailleurs, voyait la violence qu'il se faisait, s'amusait à le pousser à bout ; puis,

— Eh bien, sire, le mot de l'énigme, qui est pour Votre Majesté seule, comprenez bien...

— Pour moi seul, c'est convenu.

— Eh bien, le mot de l'énigme est que, quand, pour un grand projet, j'ai besoin d'un prince héréditaire, et que le roi est assez ennemi de lui-même pour ne pas vouloir me le donner...

— Eh bien ? demanda le roi.

— Eh bien, j'en fabrique un ! répondit le cardinal.

— Oh ! pardieu ! dit le roi, voilà du nouveau. Vous allez me dire comment vous vous y prenez, n'est-ce pas ?

— Bien volontiers, sire. Seulement, accommodez-vous *confortablement* dans un fauteuil, comme dit mon ami Nelson; car le récit est un peu long, je vous en préviens.

— Parlez, parlez, mon cher cardinal, dit le roi s'accommodant, en effet, dans une causeuse; et ne craignez jamais d'être trop long. Vous parlez si bien, que je ne me lasse jamais de vous entendre.

Ruffo salua et commença son récit.

XXIX

COMMENT LE PRINCE HÉRÉDITAIRE POUVAIT ÊTRE, A LA FOIS, EN SICILE ET EN CALABRE.

— Sire, Votre Majesté se rappelle Leurs Altesses royales mesdames Victoire et Adélaïde, filles de Sa Majesté le roi Louis XV?

— Parfaitement; pauvres vieilles princesses! à telles enseignes qu'au moment de quitter Naples, je leur ai envoyé quelque chose comme dix ou douze mille ducats, en leur faisant dire de s'embarquer à Manfredonia pour Trieste, ou de venir, si elles l'aimaient mieux, nous rejoindre à Palerme.

— Votre Majesté se rappelle aussi les sept gardes du corps qu'elles avaient avec elles, et dont l'un, M. de Boccheciampe, était particulièrement recommandé par M. le comte de Narbonne?

— Je me rappelle tout cela.

— L'un d'eux — Votre Majesté n'a pas dû, certes, oublier ce détail — avait une merveilleuse ressemblance avec Son Altesse royale le prince héréditaire.

— Au point que, moi-même, quand je l'ai vu pour la première fois, j'y ai été trompé.

— Eh bien, sire, dans les circonstances où nous nous trouvions, il m'est venu à l'esprit d'utiliser ce phénomène.

Le roi regarda Ruffo en homme qui ne sait pas encore ce qu'il va entendre, mais qui a une telle confiance dans le narrateur, qu'il admire déjà.

Ruffo continua :

— Au moment du départ, j'appelai près de moi de Cesare, et, comme je doutais que M. le prince de Calabre consentit jamais à jouer un rôle actif dans une guerre comme celle qui se préparait, sans faire part de mon projet à Cesare, sur la bravoure de qui je savais pouvoir compter, puisqu'il est Corse, je lui dis que ce n'était, certes, point par hasard et sans avoir de grands desseins sur lui que la nature l'avait doué d'une ressemblance si extraordinaire avec le prince héréditaire.

— Et que répondit-il? demanda le roi.

— Je dois lui rendre cette justice, qu'il n'hésita pas un instant. « Je ne suis, dit-il, qu'un atome dans le drame qui se joue; mais ma vie et celle de mes compagnons est au service du roi. Qu'ai-je à faire? — Rien, répondis-je. Vous n'avez qu'à vous laisser faire. — Encore, avons-nous un plan quelconque à suivre? — Vous accompagnerez Leurs Altesses royales à Manfredonia; lorsqu'elles seront embarquées, vous suivrez la côte orientale de la Calabre jusqu'à Brindisi. Si, le long de la route, il ne vous est rien arrivé, prenez à Brindisi un bateau, une barque, une tartane, et gagnez la Sicile; si, au contraire, il vous est arrivé quelque chose d'extraordinaire et d'inattendu, vous êtes homme d'esprit et de courage, profitez des circonstances : votre fortune et celle de vos compagnons — une fortune à laquelle, dans vos rêves d'ambition les plus hardis, vous ne pouviez vous attendre, — est entre vos mains... »

— Vous aviez quelque projet sur eux?

— Évidemment.

— Alors, pourquoi, connaissant leur courage, ne les mettiez-vous pas au courant de ce projet?

— Parce que, sur les sept, sire, un pouvait me trahir... Qui peut répondre que, sur sept hommes, un seul ne trahira point?

Le roi poussa un soupir.

— Mais ce projet, dit-il, à moi, vous n'avez aucune raison de me le cacher.

— D'autant mieux, sire, continua Ruffo, qu'il a réussi.

— J'écoute, reprit le roi.

— Eh bien, sire, nos sept jeunes gens suivirent de point en point les instructions données. Les deux princesses embarquées, ils prirent la côte méridionale de la Calabre, où les attendait un de mes agents par lequel je ne craignais pas plus d'être trahi que par eux, attendu qu'il n'était guère mieux instruit qu'eux.

— Vous étiez fait pour être premier ministre, mon cher Ruffo, non pas d'un petit État comme Naples, mais d'une grande puissance comme la France, l'Angleterre ou la Russie. Continuez, continuez, je vous écoute. Voyons, quel était cet agent, et qu'était-il chargé de faire ? Quel maître en politique vous êtes, mon cher cardinal ! et quel malheur que vous n'ayez pas eu en moi un meilleur élève !

— Cet agent que Votre Majesté a nommé, il y a un an, intendant à ma recommandation, habite la ville de Montejasi, qui devait naturellement se trouver sur la route de nos aventuriers. Je lui écrivis que Son Altesse royale le duc de Calabre, décidé à tenter un coup désespéré pour reconquérir le royaume de son père, venait de s'embarquer pour la Calabre avec le duc de Saxe, son connétable et son grand écuyer, et que je le priais de veiller à leur sûreté en sujet fidèle, dans le cas où il croirait que leur projet ne dût pas réussir, mais aussi de les seconder de tout son pouvoir dans le cas où il aurait la moindre chance de réussite. Il était invité à transmettre le secret de cette expédition aux amis dont il serait sûr. J'avais le briquet et le caillou : j'attendis l'étincelle.

— Le caillou se nommait de Cesare, je le sais déjà ; mais comment se nommait le briquet ?

— Buonafede Gironda, sire.

— Il ne faut oublier aucun de ces noms, mon éminentissime ; car je sais que, si un jour j'ai à punir, j'aurai aussi à récompenser.

— Ce que j'avais prévu est arrivé. Les sept jeunes gens passèrent par la ville de Montejasi, chef-lieu du district de notre intendant ; ils descendirent à une mauvaise auberge, sur le balcon de laquelle ils vinrent prendre l'air après avoir dîné. Le préfet était déjà prévenu de leur présence, et le nombre sept lui fit immédiatement naître dans l'esprit l'idée que ces sept personnages pourraient bien être monseigneur le duc de Calabre, le duc de Saxe, le connétable Colonna, le grand écuyer Boccheciampe et leur suite. D'un autre côté, un bruit tout opposé s'était répandu dans la ville : on disait que les sept jeunes gens étaient des agents jacobins qui venaient démocratiser la province. Or, la province étant peu démocrate, quatre ou cinq cents personnes, déjà réunies sur la place, s'apprêtaient à faire un mauvais parti à nos voyageurs, lorsque arriva le préfet Buonafede Gironda, c'est-à-dire mon homme, lequel écouta les bruits qui circulaient et répondit que c'était à lui, la première autorité du pays, de s'assurer de l'identité des gens qui traversaient le chef-lieu de son district; qu'en conséquence, il allait se rendre près des étrangers et procéderait à leur interrogatoire; les Montéjasiens sauraient donc dans dix minutes à quoi s'en tenir.

» Les jeunes gens avaient quitté le balcon et refermé la fenêtre, car il ne leur était point difficile de voir que quelque chose d'inconnu soulevait contre eux un orage qui ne tarderait point à éclater, lorsqu'on leur annonça la visite de l'intendant. Cette annonce, au lieu de la calmer, redoubla leur inquiétude. Il paraît que, dans toutes les circonstances épineuses, c'était de Cesare qui portait la parole; il se prépara donc à demander au préfet la cause des mauvaises intentions des habitants de Montejasi à son égard, lorsque celui-ci entra et se trouva face à face avec lui.

» A la vue de Cesare, tous les soupçons de Buonafede furent confirmés. Il était évident que les sept voyageurs étaient ceux que je lui avais recommandés et qu'il se trouvait en face du prince héréditaire.

» Aussi ce cri s'échappa-t-il de sa bouche :

» — Le prince royal! Son Altesse le duc de Calabre!

» De Cesare tressaillit. Cette circonstance inattendue et incroyable que je lui avais prédite et dont je l'avais invité à profiter, c'était à n'en point douter, celle dans laquelle il se trouvait; cette fortune inespérée, inouïe à laquelle il n'avait pas osé penser dans ses rêves, elle venait au-devant de lui, elle allait passer à portée de sa main, il n'avait qu'à la saisir aux cheveux.

» Il regarda ses compagnons, cherchant dans leur regard un signe approbateur, et, encouragé par ce signe, il fit pour toute réponse un pas au-devant de l'intendant, et, avec une dignité suprême, lui donna sa main à baiser.

— Mais savez-vous, mon éminentissime, que c'est un homme très-fort que votre de Cesare? fit le roi.

— Attendez donc, sire!... L'intendant, en se relevant, demanda à être présenté au duc de Saxe, au connétable Colonna et au grand écuyer Bocchechiampe; lui-même indiquait au faux prince royal les noms dont il devait nommer ses compagnons et les titres dont il devait les qualifier. Mais les hurlements de la multitude ne donnèrent pas le temps à la présentation de s'achever. Trois ou quatre pierres brisèrent les vitres et vinrent tomber aux pieds des princes et de l'intendant, qui ouvrit la fenêtre, prit de Cesare par la main, et, le montrant à la population ébahie de voir la bonne intelligence qui régnait entre l'intendant royal et les envoyés jacobins, il cria d'une voix qui domina le tumulte : « Vive le roi Ferdinand ! vive notre prince héréditaire François ! » Vous jugez, sire, de l'effet que firent sur la foule cette apparition et ce cri. Quelques Montejasiens qui avaient été à Naples et qui y avaient vu le duc de Calabre, le reconnurent ou crurent le reconnaître. Un immense cri de « Vive le roi ! vive le prince héréditaire ! » répondit au cri de l'intendant. De Cesare salua, fort princièrement à ce qu'il paraît. Au milieu des hourras qui se continuaient avec fureur, deux ou trois voix crièrent : « A la cathédrale ! à la cathédrale ! » Rien ne réjouit le peuple comme un *Te Deum*. Aussi la foule répéta-t-elle d'une seule voix : « A la cathédrale ! à la cathédrale ! » Dix messagers se détachèrent et allèrent prévenir l'archevêque de se préparer à chanter un *Te Deum*. Enfin, au milieu d'un concours de peuple immense, le faux prince se rendit à l'église, porté dans les bras de la multitude et accompagné de l'enthousiasme universel... Vous comprenez bien, sire, qu'une fois le *Te Deum* chanté, si quelques soupçons subsistaient encore, ces soupçons s'évanouirent. Qui pouvait douter du prince royal, quand Dieu lui-même l'avait reconnu et béni? Une si heureuse nouvelle se répandit dans les campagnes avec la rapidité de la foudre. Dans toutes les localités où elle parvint, on nomma des députés, qui, le lendemain, vinrent à Montejasi rendre hommage au faux prince. De Cesare les reçut avec sa dignité accoutumée, leur annonça qu'il venait de votre part pour reconquérir le royaume, et qu'il se confiait au courage et à la loyauté de ceux qui devaient être un jour ses sujets.

— Allons, allons! dit le roi, tout cela n'est point d'un homme ordinaire, et je vois que je n'avais pas trop fait pour lui en lui mettant sur le dos l'habit de lieutenant.

— Attendez, sire, répliqua Ruffo, car le meilleur me reste à vous raconter. Dans la journée, le bruit arriva à Montejasi que les princesses de France, qui voulaient se rendre à Trieste, repoussées par les vents contraires, venaient d'entrer dans le port de Brindisi. Il y avait un grand coup à risquer et qui fermerait la bouche aux plus sceptiques et aux plus incrédules : c'était d'aller faire une visite à Mesdames, de leur confier franchement la situation et de se faire reconnaître par elles. Elles aimaient assez le chef de leurs gardes et elles étaient assez dévouées à Leurs Majestés Siciliennes pour ne point hésiter un instant à charger leur conscience d'un mensonge qui pouvait servir à l'intérêt de la cause. Arrivé où il en était, de Cesare était décidé à pousser la chose jusqu'au bout. On partit le même soir pour Brindisi en annonçant que le prince royal allait faire une visite à ses respectables cousines Mesdames de France. Le lendemain, toute la ville de Brindisi savait l'arrivée du prince, et les autorités venaient le féliciter au palais de don Francesco Errico, à qui il avait fait l'honneur de descendre chez lui.

» Vers midi, au milieu d'un concours immense de peuple, nos sept jeunes gens s'acheminèrent vers le port, marchant derrière le prince royal et lui rendant tous les honneurs dus à son rang. Les princesses étaient à bord de leur felouque et n'avaient pas voulu débarquer.

» En voyant leurs sept gardes du corps, elles manifestèrent une grande joie, et de Cesare, ayant demandé à les entretenir en particulier, descendit près d'elles, tandis que ses six compagnons restaient sur le pont avec M. de Châtillon, leur ancienne connaissance.

» Les vieilles princesses avaient appris la présence du prince héréditaire en Calabre ; mais elles étaient loin de s'attendre que ce prince héréditaire ne fût autre que de Cesare. Celui-ci leur raconta les évènements tels qu'ils s'étaient passés et leur demanda s'il devait ou non leur donner suite.

» Leur avis fut qu'il fallait profiter de la bonne chance que lui offrait le destin, et, sur l'observation que de Cesare leur fit que Votre Majesté trouverait peut-être mauvais qu'il se fît passer pour le prince héréditaire, et le prince héréditaire qu'il se fît passer pour lui, elles s'engagèrent à arranger la chose avec Votre Majesté et le duc de Calabre.

» De Cesare, au comble de la joie, demanda alors aux vieilles princesses une preuve d'estime qui pût confirmer aux yeux du public leur parenté. Leurs Altesses royales y consentirent, remontèrent avec lui sur le pont, lui donnèrent leurs mains à baiser, et reconduisirent l'illustre visiteur jusqu'à l'escalier de leur felouque. Là, de Cesare eut l'honneur de les embrasser toutes les deux.

— Mais vous savez, mon éminentissime, que c'est le brave des braves, votre de Cesare ! dit le roi.

— Oui, sire, et la preuve, c'est que ses compagnons, n'osant poursuivre l'aventure, l'ont abandonné avec Boccheciampe, et se sont embarqués pour Corfou.

— De sorte que...?

— De sorte que de Cesare et Boccheciampe, c'est-à-dire le prince François et son grand écuyer sont à Tarente avec trois ou quatre cents hommes, et que toute la terre de Bari est soulevée en leur nom et au vôtre.

— Voilà de riches nouvelles, mon éminentissime! Est-ce qu'il n'y aurait pas moyen d'en profiter?

— Si fait, sire, et c'est pour cela que me voici.

— Et vous êtes le bienvenu, comme toujours... Voyons, si philosophe que je sois, je ne serais point fâché de chasser les Français de Naples et de faire pendre quelques jacobins sur la place du Mercato-Vecchio. Qu'y a-t-il à faire, mon cher cardinal, pour arriver à cela?... Entends-tu, Jupiter, nous allons pendre des jacobins. Eh! eh! ce sera drôle.

— Ce qu'il y a à faire pour arriver à cela? demanda Ruffo.

— Oui, je désire le savoir.

— Eh bien, sire, il y a à me laisser achever ce que j'ai commencé : voilà tout.

— Achevez, mon éminentissime, achevez.

— Mais seul, sire!

— Comment, seul?

—Oui, c'est-à-dire sans le concours d'aucun Mack, d'aucun Pallavicini, d'aucun Maliterno, d'aucun Romana.

— Comment! tu veux reconquérir Naples seul?

— Oui, seul, avec de Cesare pour lieutenant, et mes bon Calabrais pour armée. Je suis né parmi eux, ils me connaissent; mon nom ou plutôt celui de mes aïeux est en vénération dans les chaumières les plus écartées. Dites seulement *oui*, donnez-moi les pouvoirs nécessaires, et, avant trois mois, je suis avec soixante mille hommes aux portes de Naples.

— Et, comment les réuniras-tu, tes soixante mille hommes?

— En prêchant la guerre sainte, en élevant le crucifix de la main gauche, l'épée de la main droite, en menaçant et en bénissant. Ce qu'on fait les Fra-Diavolo, les Mammone, les Pronio, dans les Abruzzes, dans la Campanie et dans la Terre de Labour, je le ferai bien, Dieu aidant, en Calabre et dans la Basilicate.

— Mais des armes?

— Nous n'en manquerons point, dussions-nous n'avoir que celles des jacobins qu'on enverra pour nous combattre. D'ailleurs, chaque Calabrais n'a-t-il pas un fusil?

— Mais de l'argent?

7.

— J'en trouverai dans les caisses des provinces. Il ne me faut pour tout cela que l'agrément de Votre Majesté.

— Mon agrément? Vive saint Janvier!... Non pas, je me trompe, saint Janvier est un renégat. — Mon agrément, tu l'as. Quand te mets-tu en campagne?

— Dès aujourd'hui, sire. Mais vous savez mes conditions?

— Seul, sans armes et sans argent, n'est-ce point cela?

— Oui, sire. Me trouvez-vous trop exigeant?

— Non, pardieu!

— Mais seul, avec tout pouvoir : je serai votre vicaire général, votre *alter ego*.

— Tu seras tout cela, et, aujourd'hui même, en plein conseil, je déclare que telle est ma volonté.

— Alors, tout est perdu.

Comment, tout est perdu?

— Sans doute. Au conseil, je n'ai que des ennemis. La reine ne m'aime pas, M. Acton me déteste, milord Nelson m'exècre, le prince de Castelcicala m'abhorre. Quand bien même les autres ministres me soutiendraient, voilà une majorité toute faite contre moi... Non, sire, pas ainsi.

— Comment, alors?

— Sans conseil d'État, sans autre volonté que

celle du roi, sans autre aide que celle de Dieu. Ai-je besoin de quelqu'un pour faire ce que j'ai fait jusqu'à présent? Pas plus que je n'en aurai besoin pour ce qui me reste à faire. Ne disons pas un mot de notre plan; gardons le secret. Je pars sans bruit pour Messine avec mon secrétaire et mon chapelain, je traverse le détroit, et, là seulement, je déclare aux Calabrais ce que je viens faire en Calabre. Le conseil d'État alors se réunira sans Votre Majesté ou avec Votre Majesté; mais il sera trop tard. Je me moquerai du conseil d'État. Je marcherai sur Cosenza, j'ordonnerai à de Cesare de faire sa jonction avec moi, et, dans trois mois, comme je l'ai dit à Votre Majesté, je serai sous les murs de Naples.

— Si tu fais cela, Fabrizio, je te nomme premier ministre à vie et je reprends à mon imbécile de François le titre de duc de Calabre pour te le donner.

— Si je fais cela, sire, vous ferez ce que font les rois pour lesquels on se dévoue : vous vous hâterez d'oublier. Il y a des services si grands, que l'on ne peut les payer que par l'ingratitude, et celui que je vous aurai rendu sera de ceux-là. Mais mon but va plus loin que la richesse, plus haut que les honneurs. Je suis ambitieux de gloire et de renommée, sire : je veux être à la fois dans l'histoire Monk et Richelieu.

— Et je t'y aiderai de tout mon pouvoir, quoique je ne sache pas trop ce qu'ils sont ou plutôt ce qu'ils étaient. Quand dis-tu que tu veux partir?

— Aujourd'hui, si Votre Majesté y consent.

— Comment, si j'y consens? Tu es bon! Je t'y pousse, je t'y pousse des pieds et des mains. Mais tu ne penses pas, cependant, partir sans argent?

— J'ai un millier de ducats, sire.

— Et, moi, je dois en avoir deux ou trois mille dans mon secrétaire.

— C'est tout ce qu'il me faut.

— Attends donc... Mon nouveau ministre des finances, le prince Luzzi, m'a prévenu hier que le marquis Francesco Taccone était arrivé à Messine avec cinq cent mille ducats, qu'il a touchés chez Backer en échange de billets de banque. En voilà que je vous recommande, les Backer, mon éminentissime; quand nous serons rentrés à Naples, et que vous serez premier ministre, nous les ferons ministres des finances.

— Oui, sire. Mais revenons à nos cinq cent mille ducats.

— Eh bien, attends : je vais te signer l'ordre de les prendre à Taccone. Ce sera ta caisse militaire.

Le cardinal se mit à rire.

— Pourquoi ris-tu? demanda le roi.

— Je ris de ce que Votre Majesté ne sait pas que cinq cent mille ducats qui voyagent de Naples en Sicile se perdent toujours en route.

— C'est possible. Mais, au moins, Dancro, le général Dancro, le gouverneur de la place de Messine, mettra à ta disposition les armes et les munitions nécessaires à la petite troupe avec laquelle tu te mettras en marche.

— Pas plus que le trésorier Taccone ne me remettra les cinq cent mille ducats. N'importe, sire : remettez-moi ces deux ordres. Si Taccone me donne l'argent et Dancro les armes, tant mieux ; s'ils ne me les donnent pas, je me passerai d'eux.

Le roi prit deux papiers, écrivit et signa les deux ordres.

Pendant ce temps, le cardinal tirait un troisième papier de sa poche, le dépliait et le glissait sous les yeux du roi.

— Qu'est-ce que cela? demanda le roi.

— C'est mon diplôme de vicaire général et d'*alter ego*.

— Que tu as rédigé toi-même?

— Pour ne pas perdre de temps, sire.

— Et, comme je ne veux pas te retarder...

Le roi posa la main au-dessous de la dernière ligne.

Le cardinal l'arrêta au moment où il allait signer.

— Lisez d'abord, sire, fit le cardinal.

— Je lirai après, dit le roi.

Et il signa.

Ceux de nos lecteurs qui craindront de perdre leur temps à la lecture d'une pièce diplomatique des plus curieuses, mais qui n'est, au bout du compte, qu'une pièce diplomatique inconnue jusqu'aujourd'hui, peuvent passer le chapitre suivant; mais ceux qui cherchent dans un livre historique autre chose qu'une simple distraction ou un frivole amusement, nous sauront gré, nous en sommes sûr, d'avoir tiré ce document des tiroirs secrets de Ferdinand, où il était enseveli depuis soixante ans, et de lui faire voir le jour pour la première fois.

XXX

DIPLOME DU CARDINAL RUFFO

« Cardinal Ruffo,

» La nécessité d'arriver le plus promptement possible; et par les moyens les plus efficaces, au salut des provinces du royaume de Naples et de les préserver des nombreuses intrigues que les ennemis de la religion, de la couronne et de l'ordre ourdissent pour les entraîner dans la rébellion, me détermine à commettre au talent, au zèle et à l'attachement de Votre Éminence le soin grave et l'importante mission de la défense de cette partie du royaume encore pure des désordres de tout genre et de la ruine qui menace le royaume dans cette terrible crise.

» Je charge, par conséquent, Votre Éminence de se porter en Calabre, cette province de notre royaume étant celle que nous chérissons le plus particulièrement, et dans laquelle il est le plus facile d'organiser la défense et de combiner les opérations à l'aide desquelles on peut arrêter la marche de l'ennemi commun et sauvegarder l'un et l'autre littoral de toute tentative soit d'hostilité, soit de séduction, qui pourrait être essayée, par les mal-intentionnés de la capitale ou du reste de l'Italie.

» Les Calabres, la Basilicate, les provinces de Lecce, Barri et Salerne seront l'objet de mes soins les plus empressés et les plus énergiques.

» Tous les moyens de salut que Votre Éminence croira pouvoir employer, au nom de l'attachement à la religion, du désir de sauver la propriété, la vie et l'honneur des familles, les récompenses à accorder à ceux qui se distingueront dans l'œuvre de restauration que vous allez entreprendre, seront adoptées par moi sans discussion, sans limite, ainsi que les châtiments les plus sévères que vous croirez devoir appliquer aux rebelles. Enfin, quelque ressource à laquelle, dans l'extrémité où nous nous trouvons, Votre Éminence croira devoir recourir et qu'elle jugera capable d'exciter les habitants à une juste défense, elle devra l'employer; mais c'est surtout le feu de l'enthousiasme dirigé dans la bonne voie qui nous paraît le plus apte à lutter contre les nouveaux principes et à les renverser. Ces principes régicides et désorganisateurs des sociétés sont plus puissants que vous ne le croyez peut-être; car ils flattent l'ambition des uns et la cupidité des autres, et la vanité et l'amour-propre de tous, en faisant naître dans les cœurs les plus vulgaires ces trompeuses espérances que répandent les fauteurs des opinions modernes et des manéges révolutionnaires, manéges qui, partout où ils ont été employés, opinions qui, partout où elles ont triomphé, ont fait le malheur de l'État, comme on peut le voir en jetant les yeux sur la France et l'Italie.

» A cet effet, pour remédier à toutes nos misères

par de promptes mesures destinées à reconquérir nos provinces envahies, ainsi que cette insolente capitale qui leur donne l'exemple du désordre, j'autorise Votre Éminence à exercer la charge de commissaire général dans la première province où se manifestera le besoin de sa mission, celle de vicaire général du royaume lorsqu'elle se trouvera en possession de tout ou partie de ce royaume, à la tête des forces actives qu'elle va recevoir, avec le droit de faire en notre nom toute proclamation qu'elle croira utile au bien de la cause.

» Je donne, en outre, à Votre Éminence, comme mon *alter ego*, le droit de changer tout préside, de révoquer tout administrateur, tout président de tribunal, tout employé supérieur ou inférieur de l'administration politique ou civile; comme aussi de suspendre, d'éloigner, de faire arrêter tout employé militaire, s'il croit avoir des raisons d'user de cette rigueur, et d'employer intérimairement ceux auxquels il aura confiance et qu'il chargera des postes vacants, jusqu'à ce que j'aie approuvé leur nomination, sur la demande qui m'en sera faite, et cela, afin que tous ceux qui dépendent de mon gouvernement reconnaissent dans Votre Éminence mon agent suprême et agissent activement, sans retard ni opposition, et cela, ainsi qu'il convient et est indispensable aux heures critiques et difficiles où nous nous trouvons.

» Cette charge de commissaire général et de vicaire du royaume sera, par Votre Éminence, appliquée et exercée comme elle l'entendra, attendu que, grâce à cette faculté d'*alter ego* que je lui concède de la façon et selon le mode le plus étendu, j'entends qu'elle fasse valoir et respecter mon autorité souveraine, et que, par son emploi, elle préserve mon royaume de dommages ultérieurs, ceux qu'il a subis jusqu'aujourd'hui étant déjà trop grands.

» Elle devra, en conséquence, procéder avec la plus grande sévérité et la plus rigoureuse justice, soit pour se faire obéir, selon que l'exigera la nécessité du moment, soit pour donner les bons exemples et faire disparaître les mauvais, soit enfin pour faire avorter la semence ou arracher les racines de cette mauvaise plante de la liberté, qui a si facilement germé et poussé aux endroits où mon autorité est méconnue, afin que le mal déjà fait soit réparé et que nous ne marchions pas à un mal plus grand et à de nouveaux malheurs.

» Toutes les caisses du royaume, sous quelque dénomination qu'elles soient classées, relèveront de Votre Éminence et obéiront à ses ordres. Elle veillera à ce que l'on ne fasse parvenir aucune somme à la capitale tant que celle-ci se trouvera dans l'état d'anarchie où elle est maintenant. L'argent desdites caisses sera, par Votre Éminence, employé, pour le bien et le besoin des provinces, au payement nécessaire du gouvernement civil et aux moyens de défense que nous devons improviser, ainsi qu'à la solde de nos défenseurs.

» Il me sera donné un état régulier de ce que Votre Éminence aura fait et comptera faire, afin que, sur les choses faites et à faire, je puisse vous notifier mes résolutions et transmettre mes ordres.

» Votre Éminence choisira deux ou trois assesseurs probes et dignes de sa confiance, choisis dans la magistrature, pour rendre leurs jugements dans les causes graves, qui, pour appel, dans les temps ordinaires, s'envoient au tribunal de la capitale. Ils remplaceront les tribunaux de Naples, afin que les affaires ne traînent pas en longueur. Pour ces emplois, Votre Éminence pourra se servir des magistrats provinciaux, les autorisant à prononcer en même temps sur toute autre cause qu'il lui plaira de leur soumettre, ainsi que sur les appels qui seraient portés devant eux, et elle s'assurera, en destituant lesdits magistrats, à l'occasion, que la plus stricte justice sera rendue dans les provinces où elle administrera en mon nom.

» Par les différents papiers que je remets à Votre Éminence, elle s'assurera que, dans la persuasion que la nombreuse armée que j'entretenais dans mon royaume, armée par laquelle j'ai été si mal servi, n'est point encore entièrement dispersée; j'avais donné l'ordre que ses restes se portassent à Palerme et jusque dans les Calabres, dans le but de défendre ces provinces et de maintenir leurs communications avec la Sicile. Dans les circonstances où nous sommes, quels que soient les commandants qui, sur son chemin, se présenteront à Votre Éminence avec ces débris de troupes, ces commandants devront marcher d'accord avec Votre Éminence, quelle que soit la position qui leur ait été créée par mes ordonnances précédentes. Quant au général de la Salandra ou tout autre général qui se réunirait à Votre Éminence avec ces mêmes troupes, ils suivront les prescriptions nouvelles qui leur sont données. Votre Éminence les leur notifiera, et, aussitôt que je serai prévenu de cette notification, j'expédierai les commissions ultérieures que Votre Éminence réclamera de moi.

» Relativement à la force militaire, et nous devons supposer raisonnablement qu'il n'en reste plus de régulière, Votre Éminence, et c'est là le but principal de sa commission, aura soin de la créer ou réorganiser par tous les moyens, et l'on tâchera, puisque, cette fois, elle combattra sur le sol de la patrie, bien que cette force ne puisse être composée que de soldats fugitifs et déserteurs, on tâchera de leur rendre ou de leur inspirer le courage qu'ont montré mes braves Calabrais dans les combats qu'ils viennent de soutenir contre l'ennemi. Il en sera ainsi des corps qui se formeront, composés des habitants des provinces que leur patriotisme et leur amour pour la religion porteront à prendre les armes et à défendre ma cause.

» Pour arriver à ce but, je ne prescris aucun moyen à Votre Éminence; je les laisse, au contraire, tous à son zèle, tant relativement au mode d'organisation que pour la distribution des récompenses de tout genre qu'elle croira devoir accorder. Si ces récompenses sont pécuniaires, elle pourra les distribuer elle-même; si ce sont des honneurs et des emplois, elle pourra temporairement accorder ces honneurs et distribuer ces emplois, et ce sera à moi de les ratifier; car toute haute faveur devra être soumise à ma ratification.

» Lorsque les troupes régulières que j'attends seront arrivées, on pourra en expédier une partie en Calabre, ou dans toute autre partie de la terre ferme, ainsi que toutes munitions et pièces d'artillerie que l'on pourra partager entre la Sicile et la Calabre.

» Votre Éminence choisira les employés militaires et politiques dont elle croira devoir s'entourer ; elle établira pour eux des conditions provisoires, et placera chacun au poste qu'elle croira le mieux lui convenir.

» Pour les dépenses de Votre Éminence, il lui sera accordé la somme de quinze cents ducats (six mille francs par mois), somme que nous regardons comme indispensable à ses besoins ; mais je lui accorde, en outre, toute somme ultérieure plus considérable qu'elle croira nécessaire à l'emploi de sa commission, surtout dans ses passages d'un lieu à un autre, sans que ce surcroît de dépense puisse en aucune façon peser sur mes peuples.

» Je lui concède, en outre, le maniement de l'argent qu'elle trouvera dans les caisses publiques et qui, par ses soins, rentrera. Elle en emploiera une partie à se procurer les nouvelles nécessaires, indispensables à sa sûreté, soit que ces nouvelles viennent de la capitale, soit qu'elles viennent des mouvements de l'ennemi à l'extérieur ; et, comme la capitale se trouve en ce moment dans le plus grand désordre, vu les nombreux partis opposés qui la déchirent, et dont le peuple est la victime, elle fera veiller par des hommes habiles et experts dans cet art, sur tout ce qui s'y passera et qui immédiatement de tout ce qui se passera l'informeront. C'est pour cet objet qu'elle n'épargnera pas l'argent lorsqu'elle pensera que la prodigalité doive porter ses fruits.

» Dans d'autres cas où de pareilles dépenses lui paraîtraient nécessaires, Votre Éminence pourra engager sa promesse et donner des sommes vis-à-vis des personnages qui pourraient rendre des services à l'État, à la religion et à la couronne.

» Je ne m'étends point sur les mesures de défense que j'attends d'elle au plus haut degré, et encore moins sur la manière dont elle devra réprimer les émeutes, les troubles intérieurs, les attroupements, les séductions et les manœuvres des émissaires jacobins. Je laisse donc à Votre Éminence le soin de prendre les déterminations les plus promptes pour que justice soit faite de tous ces délits. Les présides, celui de Lecce spécialement, ceux de mes vassaux qui auront un cœur loyal, les évêques, les curés et tous les honnêtes ecclésiastiques, l'informeront de tous les besoins comme de toutes les ressources locales, et bien certainement ceux-ci seront aiguillonnés par l'ardente énergie et la puissante nécessité que commandent les circonstances dans lesquelles nous nous trouvons.

» J'attends de l'empereur d'Autriche des secours de tout genre ; le Turc m'en promet également ; la Russie a pris vis-à-vis de moi les mêmes engagements, et déjà les escadres de cette dernière puissance, rapprochées de notre littoral, sont prêtes à nous secourir.

» J'en avise Votre Éminence, afin que, dans l'occasion, elle puisse s'appuyer d'elles, et même faire descendre une partie de ses troupes dans la province, au cas où leur secours lui deviendrait nécessaire ; comme aussi je l'autorise à réclamer de ces escadres toutes les ressources que la nature de l'opération lui feront considérer comme utiles à sa défense.

» Je la préviens aujourd'hui, et vaguement encore, qu'elle peut trouver asile et secours chez mes alliés ; mais, d'ici, je lui ferai passer des instructions ultérieures qui assureront dans l'avenir un concours plus efficace. Il en sera de même de l'escadre anglaise, pour laquelle je lui transmettrai mes nouvelles instructions, et qui, naviguant sur les côtes de Sicile et de Calabre, veillera à leur sûreté.

» Il sera établi par Votre Éminence de sûrs moyens de me faire passer et de recevoir de moi deux fois la semaine des nouvelles concernant les affaires importantes de sa mission. Je regarde comme indispensable à la défense du royaume que nos courriers se succèdent souvent et dans des délais opportuns.

» Enfin, je me confie à son attachement, à ses lumières, et je suis certain qu'elle répondra à cette haute confiance que je mets dans son attachement à ma cause et à son dévouement pour moi.

» FERDINAND B.

« Palerme, 25 janvier 1799. »

XXXI

LE PREMIER PAS VERS NAPLES

Tout était disposé, on le voit, non-seulement avec la sage ordonnance de l'homme de guerre, mais encore avec la méticuleuse prévoyance de l'homme d'Église.

Ferdinand était émerveillé.

Généraux, officiers, soldats, ministres l'avaient trahi. Ceux dont c'était l'état de porter l'épée au côté, ou n'avaient pas tiré l'épée, ou l'avaient rendue à l'ennemi ; ceux dont c'était l'état de savoir les nouvelles et d'en profiter ne les avaient pas sues, ou, les sachant, n'en profitaient point ; les conseillers, dont c'était l'état de donner des conseils, n'avaient point trouvé de conseils à donner ; le roi, enfin, avait inutilement demandé à ceux chez lesquels il devait s'attendre à les trouver, le courage, la fidélité, l'intelligence et le dévouement.

Et voici qu'il trouvait tout cela, non pas dans un de ceux qu'il avait comblés de faveurs, mais dans l'homme d'Église qui pouvait se renfermer dans la limite des devoirs d'un homme d'Église, c'est-à-dire se borner à lire son bréviaire et à donner sa bénédiction.

Cet homme d'Église avait tout prévu. Il avait organisé la révolte comme un homme politique ; il s'était mis au courant des nouvelles comme un ministre de la police ; il avait préparé la guerre comme un général ; et, en même temps que Mack laissait tomber son épée aux pieds de Championnet, il tirait le glaive de la guerre sainte, et, sans munitions, il offrait de marcher à la conquête de Naples en montrant le labarum de Constantin et en criant : *In hoc signo vinces!*

Étrange pays, société étrange, où c'étaient les

voleurs de grand chemin qui défendaient le royaume et où, ce royaume une fois perdu, c'était un prêtre qui allait le reconquérir!

Cette fois, par hasard, Ferdinand sut conserver un secret et tenir sa promesse. Il donna au cardinal les deux mille ducats promis, qui, joints aux mille qu'il avait, lui complétèrent une somme de douze mille cinq cents francs de notre monnaie.

Le jour même où les provisions du cardinal avaient été signées, c'est-à-dire le 27 janvier, — le diplôme, nous ignorons pour quelle cause, fut antidaté de deux jours, — le cardinal prit congé du roi sous prétexte de faire un voyage à Messine et se mit immédiatement en voyage, faisant la route tantôt par mer, tantôt par terre, selon que les moyens lui étaient offerts d'aller en avant.

Il mit quatre jours à faire le voyage, et arriva à Messine dans l'après-midi du 31 janvier.

Il se mit aussitôt à la recherche du marquis Taccone, qui, par l'ordre du roi, devait lui remettre les deux millions qu'il rapportait de Naples; seulement, comme il l'avait prévu, on trouva le marquis, mais les millions furent introuvables.

A la sommation du cardinal, le marquis Taccone répondit qu'avant son départ de Naples, il avait, par l'ordre du général Acton, remis au prince Pignatelli toutes les sommes qu'il avait entre les mains. En vertu de son mandat, le cardinal le somma alors de lui donner le compte de sa situation, ou plutôt l'état de sa caisse. Mais, poussé au pied du mur, le marquis répondit qu'il lui était impossible de rendre des comptes lorsque les registres et tous les papiers de la trésorerie étaient restés à Naples. Le cardinal, qui avait prévu ce qui arrivait, et qui l'avait prédit au roi, se tourna du côté du général Danero, pensant qu'à tout prendre les armes et les munitions lui étaient plus nécessaires encore que l'argent. Mais le général Danero, sous le prétexte que ce n'était pas la peine de donner au cardinal des armes qui ne pouvaient manquer de tomber entre les mains de l'ennemi, les lui refusa, malgré les ordres formels du roi.

Le cardinal écrivit à Palerme pour se plaindre au roi, Danero écrivit, Taccone écrivit, chacun accusant les autres et essayant de se disculper.

Le cardinal, pour en avoir le cœur net, résolut d'attendre à Messine la réponse du roi. Elle lui arriva le sixième jour, apportée par le marquis Malaspina.

Le roi se plaignait fort mélancoliquement de n'être servi que par des voleurs et des traîtres. Il invitait le cardinal à faire la guerre et à tenter l'expédition avec les seules ressources de son génie ; et il lui envoyait, en le priant de lui donner le poste de son aide de camp, le marquis Malaspina.

Il était clair comme le jour que, dans son habitude de douter de tout le monde, Ferdinand commençait à douter de Ruffo comme des autres, et lui envoyait un surveillant.

Par bonheur, ce surveillant était mal choisi : le marquis Malaspina était avant tout un homme d'opposition. Le cardinal, en recevant la lettre du roi, sourit et le regarda.

— Il va sans dire, monsieur le marquis, que la recommandation du roi est un ordre, dit-il ; quoique ce soit une singulière position pour un homme d'épée comme vous d'être l'aide de camp d'un homme d'Église. Mais sans doute, continua-t-il, Sa Majesté vous a fait quelque recommandation particulière qui rehausse votre position près de moi ?

— Oui, Votre Éminence, répondit Malaspina. Elle m'a promis une brillante rentrée dans ses bonnes grâces si je voulais la tenir, dans une correspondance particulière, au courant de vos faits et gestes. Il paraît qu'elle a plus de confiance en moi comme espion que comme chasseur.

— Vous avez donc le malheur, monsieur le marquis, d'être dans la disgrâce de Sa Majesté ?

— Il y a trois semaines, Éminence, que je ne fais plus partie de son jeu.

— Et quel crime avez-vous commis, continua le cardinal, pour subir une pareille punition ?

— Un impardonnable, Éminence.

— Confessez-le-moi, continua le cardinal en riant ; j'ai les pouvoirs de Rome.

— J'ai atteint un sanglier au ventre, au lieu de l'atteindre au défaut de l'épaule.

— Marquis, répondit le cardinal, mes pouvoirs ne sont pas assez étendus pour remettre un pareil crime ; mais, de même que le roi vous a recommandé à moi, je puis vous recommander au grand pénitencier de Saint-Pierre.

Puis, gravement et lui tendant la main :

— Trêve de plaisanteries, dit le cardinal. Je ne vous demande, monsieur le marquis, ni d'être pour le roi, ni d'être pour moi. Je vous dis : Voulez-vous, en franc et loyal Napolitain, être pour le pays ?

— Éminence, dit Malaspina, touché, tout sceptique qu'il était, de cette franchise et de cette loyauté, j'ai pris l'engagement vis-à-vis du roi de lui écrire une fois par semaine : je lui obéirai ; mais, sur mon honneur, pas une lettre ne partira que vous ne l'ayez lue.

— Inutile, monsieur le marquis. Je tâcherai de

me conduire de façon que vous puissiez exercer votre mission en conscience et tout dire à Sa Majesté.

Et, comme on venait de lui annoncer que le conseiller don Angelo de Fiore était arrivé de la Calabre, il donna l'ordre de le faire entrer à l'instant même.

Le marquis voulut se retirer; le cardinal le retint.

— Pardon, marquis, lui dit-il, vous entrez en fonctions. Soyez donc assez bon pour rester.

On introduisit le conseiller don Angelo de Fiore.

C'était un homme de quarante-cinq à quarante-huit ans, dont les traits durs et rudement accentués, dont l'œil sinistre et habitué à voir le mal partout contrastaient avec le doux nom.

Il arrivait, comme nous l'avons dit, de la Calabre et venait annoncer que Palmi, Bagnara, Scylla et Reggio étaient en train de se démocratiser. Il invitait donc le cardinal à débarquer le plus tôt possible, le débarquement devenant une folie du moment que ces villes seraient démocratisées; et déjà, affirmait le conseiller, il n'y avait que trop de temps perdu pour ramener au roi les cœurs chancelants.

Le cardinal regarda Malaspina.

— Que pensez-vous de cela, monsieur mon aide de camp? lui demanda-t-il.

— Mais, dit Malaspina, qu'il n'y a pas un instant à perdre et qu'il faut débarquer à l'instant même.

— C'est aussi mon avis, dit le cardinal.

Seulement, comme il était déjà trop tard pour partir le jour même, on remit au lendemain matin le passage du détroit.

Le lendemain, 8 février 1799, le cardinal s'embarqua, en conséquence, à six heures du matin, à Messine, et, une heure après, il débarquait sur la plage de Catona, en face de Messine, c'est-à-dire au point même que l'on désignait, lorsque la Calabre était la grande Grèce, sous le nom de *Columna Regina*.

Toute sa suite consistait dans le marquis Malaspina, lieutenant du roi, l'abbé Lorenzo Spazzoni, son secrétaire, don Annibal Caporoni, son chapelain, ces deux derniers sexagénaires, et don Carlo Occara de Caserte, son valet de chambre.

Il emportait avec lui une bannière sur laquelle, d'un côté, étaient brodées les armes royales, de l'autre, une croix, avec cette légende des conquêtes religieuses, légende déjà citée par nous :

In hoc signo vinces.

Don Angelo de Fiore l'avait précédé de la veille et l'attendait au lieu du débarquement avec trois cents hommes, la plupart vassaux des Ruffo de Scylla et des Ruffo de Bagnara, frères et cousins du cardinal.

Scipion tomba en touchant la terre d'Afrique, et, se relevant sur un genou, dit : « Cette terre est à moi. »

Ruffo en mettant pied à terre sur la plage de Catona, leva les mains au ciel et dit : « Calabre, reçois-moi comme un fils. »

Des cris de joie, des acclamations d'enthousiasme accueillirent cette prière d'un des plus célèbres enfants de ce rude *Brutium* qui, du temps des Romains, servait d'asile aux esclaves fugitifs.

Le cardinal, à la tête de ses trois cents hommes, auxquels il fit une courte harangue, alla prendre son logement chez son frère, le duc de Baranella, dont la villa était située dans le plus beau site de ce magnifique détroit. Aussitôt, sous la garde de ses trois cents hommes, le cardinal déploya la bannière royale sur le balcon, au bas duquel bivaquait la petite troupe, noyau de l'armée à venir.

De cette première étape, le cardinal écrivit et expédia une encyclique aux évêques, aux curés, au clergé, à toute la population non-seulement des Calabres, mais de tout le royaume.

Dans cette encyclique, le cardinal disait :

« Au moment où la Révolution procède en France par le régicide, par la proscription, par l'athéisme, par les menaces contre les prêtres, par le pillage des églises, par la profanation des lieux saints; quand la même chose vient de s'accomplir à Rome par le sacrilége attentat commis sur le vicaire de Jésus-Christ; quand le contre-coup de cette révolution se fait ressentir à Naples par la trahison de l'armée, l'oubli de l'obéissance chez les sujets, la rébellion dans la capitale et les provinces, il est du devoir de tout honnête citoyen de défendre la religion, le roi, la patrie, l'honneur de la famille, la propriété, et cette œuvre sainte, cette mission sacrée est surtout celle dans laquelle les hommes de Dieu doivent donner l'exemple! »

En conséquence, il exposait dans quel but il venait de quitter la Sicile, et dans quelle espérance il marchait sur Naples et donnait pour point de réunion à tous les hommes de la montagne et de la plaine qui répondraient à son appel : aux hommes de la montagne, Palmi; aux hommes de la plaine, Mileto.

Les Calabrais de la plaine et de la montagne étaient donc invités à prendre les armes et à se trouver au rendez-vous assigné.

Son encyclique écrite, copiée à vingt-cinq ou trente exemplaires, faute d'imprimeur, expédiée par des courriers aux quatre points cardinaux, le vicaire général se mit au balcon pour respirer et jouir du magnifique coup d'œil qui se déroulait devant ses yeux.

Mais, quoiqu'il y eût, dans le cercle de l'horizon que son regard embrassait, des objets d'une bien autre importance, son regard s'arrêta malgré lui sur une petite chaloupe doublant la pointe du Phare et montée par trois hommes.

Deux hommes placés à l'avant s'occupaient de la manœuvre d'une petite voile latine, dont un troisième, placé à l'arrière, tenait l'écoute de la main droite, tandis que, de la gauche, il s'appuyait sur le gouvernail.

Plus le cardinal regardait ce dernier, plus il croyait le reconnaître. Enfin, la barque avançant toujours, il ne conserva plus aucun doute.

Cet homme, c'était l'amiral Caracciolo, qui, en vertu de son congé, retournait à Naples, et, presque en même temps que Ruffo, mais dans un but tout différent et dans un esprit tout opposé, débarquait en Calabre.

En calculant la diagonale que suivait la barque, il était évident qu'elle devait atterrir devant la villa.

Le cardinal descendit pour se trouver au point du débarquement, et offrir la main à l'amiral au moment où il mettrait pied à terre.

Et, en effet, au moment où Caracciolo sautait de la barque sur la plage, il y trouva le cardinal prêt à le recevoir.

L'amiral jeta un cri de surprise. Il avait quitté Palerme le jour même où sa démission avait été acceptée, et, dans cette même barque avec laquelle il arrivait, il avait suivi le littoral, relâchant chaque soir et se remettant en route chaque matin, allant à la voile quand il y avait du vent et que ce vent était bon, à la rame quand il n'y avait point de vent ou qu'on ne pouvait pas l'utiliser.

Il ignorait donc l'expédition du cardinal, et, en voyant un rassemblement d'hommes armés, reconnaissant la bannière royale, il avait dirigé sa barque vers ce rassemblement et cette bannière, pour avoir l'explication de cette énigme.

Il n'y avait pas grande sympathie entre François Caracciolo et le cardinal Ruffo. Ces deux hommes étaient trop différents d'esprit, d'opinions, de sentiments, pour être amis. Mais Ruffo estimait le caractère de l'amiral, et l'amiral estimait le génie de Ruffo.

Tous deux, on le sait déjà, représentaient deux des

plus puissantes familles de Naples, ou plutôt du royaume.

Ils s'abordèrent donc avec cette considération que ne peuvent se refuser deux hommes supérieurs, et tous deux le sourire sur les lèvres.

— Venez-vous vous joindre à moi, prince? demanda le cardinal.

— Cela se pourrait, Votre Éminence, et ce serait un grand honneur pour moi de voyager dans votre compagnie, répondit Caracciolo, si j'étais encore au service de Sa Majesté; mais le roi a bien voulu, sur ma prière, m'accorder mon congé, et vous voyez un simple touriste.

— Ajoutez, reprit le cardinal, qu'un homme d'Église ne vous paraît probablement pas l'homme qu'il faut à une expédition militaire, et que tel qui a le droit de servir comme chef ne reconnaît point de supérieur.

— Votre Éminence a tort de me juger ainsi, reprit Caracciolo. J'ai offert au roi, s'il voulait organiser la défense de Naples et vous donner le commandement général des troupes, de me mettre, moi et mes marins, sous les ordres de Votre Éminence; le roi a refusé. Aujourd'hui, il est trop tard.

— Pourquoi trop tard?

— Parce que le roi m'a fait une insulte qu'un prince de ma maison ne pardonne pas.

— Mon cher amiral, dans la cause que je soutiens et à laquelle je suis prêt à sacrifier ma vie, il n'est point question du roi, il ne s'agit que de la patrie.

L'amiral secoua la tête.

— Sous un roi absolu, Votre Éminence, dit-il, il n'y a point de patrie ; car il n'y a de patrie que là où il y a des citoyens. Il y avait une patrie à Sparte, lorsque Léonidas se fit tuer aux Thermopyles ; il y avait une patrie à Athènes, lorsque Thémistocle vainquit les Perses à Salamine ; il y avait une patrie à Rome, quand Curtius se jeta dans le gouffre : et voilà pourquoi l'histoire offre à la vénération de la postérité la mémoire de Léonidas, celle de Thémistocle et celle de Curtius ; mais trouvez-moi l'équivalent de cela dans les gouvernements absolus ! Non, se dévouer aux rois absolus et aux principes tyranniques, c'est se dévouer à l'ingratitude et à l'oubli ; non, Votre Éminence, les Caracciolo ne font point de ces fautes-là. Citoyen, je regarde comme un bonheur qu'un roi faible et idiot tombe du trône ; prince, je me réjouis que la main qui pesait sur moi soit désarmée ; homme, je suis heureux qu'une cour dissolue, qui donnait à l'Europe l'exemple de l'immoralité, soit reléguée dans l'obscurité de l'exil. Mon dévouement au roi allait jusqu'à protéger sa vie et celle de la famille royale dans leur fuite : n'ira point jusqu'à aider au rétablissement sur le trône d'une dynastie imbécile. Croyez-vous que, si une tempête politique eût, un beau jour, renversé du trône des Césars Claude et Messaline, Corbulon, par exemple, eût rendu un grand service à l'humanité en quittant la Germanie avec ses légions et en replaçant sur le trône un empereur imbécile et une impératrice débauchée? Non. J'ai le bonheur d'être retombé dans la vie privée, je regarderai ce qui se passe, mais sans m'y mêler.

— Et c'est un homme intelligent comme l'amiral François Caracciolo, repartit le cardinal, qui rêve une pareille impossibilité! Est-ce qu'il y a une vie privée pour un homme de votre valeur, au milieu des événements politiques qui vont s'accomplir? Est-ce qu'il y a une obscurité possible pour celui qui porte sa lumière en lui-même? Est-ce que, quand les uns combattent pour la royauté, les autres pour la république, est-ce qu'il y a un moyen quelconque pour tout cœur loyal, pour tout esprit courageux de ne point prendre part pour l'un ou pour l'autre? Les hommes que Dieu a largement dotés de la richesse, de la naissance, du génie, ne s'appartiennent pas; ils appartiennent à Dieu et accomplissent une mission sur la terre. Maintenant, aveugles qu'ils sont, parfois ils suivent la voie du Seigneur, parfois ils s'opposent à ses desseins ; mais, dans l'un ou l'autre cas, ils éclairent leurs concitoyens par leurs défaites aussi bien que par leurs triomphes. Les seuls à qui Dieu ne pardonne pas, croyez-moi, ce sont ceux qui s'enferment dans leur égoïsme comme dans une citadelle imprenable et qui, à l'abri des traits et des blessures, regardent, du haut de leurs murailles, la grande bataille que, depuis dix-huit siècles, livre l'humanité. N'oubliez point ceci, Excellence : c'est que les anges que Dante juge les plus dignes de mépris sont ceux qui ne furent ni pour Dieu ni pour Satan.

— Et, dans la lutte qui se prépare, qui appelez-vous Dieu, qui appelez-vous Satan ?

— Ai-je besoin de vous dire, prince, que j'estime, ainsi que vous, le roi auquel je donne ma vie à sa juste valeur, et qu'un homme comme moi, — et quand je dis un homme comme moi, permettez-moi de dire en même temps un homme comme vous, — sert non pas un autre homme qu'il reconnait lui être inférieur sous le rapport de l'éducation, sous le rapport de l'intelligence, sous le rapport du courage, mais le principe immortel qui réside en lui, ainsi que vit l'âme dans un corps mal conformé, informe et laid. Or, les principes — laissez-moi vous dire ceci, mon cher amiral, — paraissent justes ou injustes à nos yeux humains, selon le milieu d'où ils les considèrent. Ainsi, par exemple, prince, faites-moi un instant l'honneur de m'accorder en tout point une intelligence égale à la vôtre; eh bien, nous pouvons examiner, apprécier, juger le même principe à un point de vue parfaitement opposé, et cela, par cette simple raison que je suis un prélat, haut dignitaire de l'Église de Rome, et que vous êtes un prince laïque, ambitieux de toutes les dignités mondaines.

— J'admets cela.

— Or, le vicaire du Christ, le pape Pie VI, a été détrôné; eh bien, en poursuivant la restauration de Ferdinand, c'est celle de Pie VI que je poursuis; en remettant le roi des Deux-Siciles sur le trône de Naples, c'est Ange Broschi que je remets sur le trône de saint Pierre. Je ne m'inquiète pas si les Napolitains seront heureux de revoir leur roi et les Romains satisfaits de retrouver leur pape; non, je suis cardinal et, par conséquent, soldat de la papauté, je combats pour la papauté, voilà tout.

— Vous êtes bien heureux, Éminence, d'avoir devant vous une ligne si nettement tracée. La mienne est moins facile. J'ai à choisir entre des principes qui blessent mon éducation, mais qui satisfont mon esprit, et un prince que mon esprit repousse, mais auquel se rattache mon éducation. De plus, ce prince m'a manqué de parole, m'a blessé dans mon honneur, m'a insulté dans ma dignité. Si je puis rester neutre entre lui et ses ennemis, mon intention positive est de conserver ma neutralité; si je suis forcé de choisir, je préférerai bien certainement l'ennemi qui m'honore au roi qui me méprise.

— Rappelez-vous Coriolan chez les Volsques, mon cher amiral!

— Les Volsques étaient les ennemis de la patrie, tandis que, moi, tout au contraire, si je passe aux républicains, je passerai aux patriotes, qui veulent la liberté, la gloire, le bonheur de leur pays. Les guerres civiles ont leur code à part, monsieur le cardinal; Condé n'est point déshonoré pour avoir passé du côté des frondeurs, et ce qui tachera Dumouriez dans l'histoire, ce n'est pas, après avoir été ministre de Louis XVI, d'avoir combattu pour la République, c'est d'avoir déserté à l'Autriche.

— Oui, je sais tout cela. Mais ne m'en voulez pas de désirer vous voir dans les rangs où je combats, et de regretter, au contraire, de vous rencontrer dans les rangs opposés. Si c'est moi qui vous rencontre, vous n'aurez rien à craindre, et je réponds de vous tête pour tête; mais prenez garde aux Acton, aux Nelson, aux Hamilton ; prenez garde à la reine, à sa favorite. Une fois dans leurs mains, vous serez perdu, et, moi, je serai impuissant à vous sauver.

— Les hommes ont leur destinée à laquelle ils ne peuvent échapper, dit Caracciolo avec cette insouciance particulière aux hommes qui ont tant de fois échappé au danger, qu'ils ne croient pas que le danger puisse avoir prise sur eux ; quelle qu'elle soit, je subirai la mienne.

— Maintenant, demanda le cardinal, voulez-vous dîner avec moi ? Je vous ferai manger le meilleur poisson du détroit.

— Merci ; mais permettez-moi de refuser, pour deux raisons : la première, c'est que, justement à cause de cette tiède amitié que le roi me porte et de cette grande haine dont les autres me poursuivent, je vous compromettrais en acceptant votre invitation ; ensuite, vous le dites vous-même, les événements qui se passent à Naples sont graves, et cette gravité réclame ma présence. J'ai de grands biens, vous le savez : on parle de mesures de confiscation qu'adopteraient les républicains à l'endroit des émigrés ; on pourrait me déclarer émigré et saisir mes biens. Au service du roi, établi dans la confiance de Sa Majesté, j'aurais pu risquer cela ; mais, démissionnaire et disgracié, je serais bien fou de faire à un souverain ingrat le sacrifice d'une fortune qui, sous tous les princes, m'assurera mon indépendance. Adieu donc, mon cher cardinal, ajouta le prince en tendant la main au prélat, et laissez-moi vous souhaiter toute sorte de prospérités.

— Je serai moins large dans mes souhaits, prince; je prierai seulement Dieu de vous préserver de tout malheur. Adieu donc, et que le Seigneur vous garde!

Et, sur ces paroles, après s'être serré cordialement la main, ces deux hommes, qui représentaient chacun une si puissante individualité, se quittèrent pour ne plus se retrouver que dans les circonstances terribles que nous aurons à raconter plus tard.

XXXII

ELEONORA FONSECA PIMENTEL

Le soir même du jour où le cardinal Ruffo se séparait de François Caracciolo sur la plage de Catona, le salon de la duchesse Fusco réunissait celles des personnes les plus distinguées de Naples qui avaient adopté les nouveaux principes et s'étaient déclarées pour la République, proclamée depuis huit jours, et pour les Français qui l'avaient apportée.

Nous connaissons déjà à peu près tous les promoteurs de cette révolution; nous les avons vus à l'œuvre, et nous savons avec quel courage ils y travaillaient.

Mais il nous reste à faire connaissance avec quelques autres patriotes que les besoins de notre récit n'ont point encore conduits sous nos yeux, et que cependant ce serait une ingratitude à nous d'oublier, lorsque la postérité conservera d'eux une si glorieuse mémoire.

Nous ouvrirons donc la porte du salon de la duchesse, entre huit et neuf heures du soir, et, grâce au privilége donné à tout romancier de voir sans être vu, nous assisterons à une des premières soirées où Naples respirait à pleins poumons l'air enivrant de la liberté.

Le salon où était réunie l'intéressante société au milieu de laquelle nous allons introduire le lecteur avait la majestueuse grandeur que les architectes italiens ne manquent jamais de donner aux pièces principales de leurs palais. Le plafond, cintré et peint

9.

à fresque, était soutenu par des colonnes engagées dans la muraille. Les fresques étaient de Solimène, et, selon l'habitude du temps, représentaient des sujets mythologiques.

Sur une des faces, la plus étroite de l'appartement, qui avait la forme d'un carré long, on avait élevé un praticable, comme on dit en termes de théâtre, auquel on parvenait par trois marches et qui pouvait servir à la fois de théâtre pour jouer de petites pièces et d'estrade pour mettre les musiciens un jour de bal. Un piano, trois personnes, dont l'une tenait un papier de musique à la main, causaient ou plutôt étudiaient les notes et les paroles dont était couvert le papier.

Ces trois personnes étaient Eleonora Fonseca Pimentel, le poëte Vicenzo Monti, et le maestro Dominique Cimarosa.

Eleonora Fonseca Pimentel, dont plusieurs fois déjà nous avons prononcé le nom, et toujours avec l'admiration qui s'attache à la vertu et le respect qui suit le malheur, était une femme de trente à trente-cinq ans, plus sympathique que belle. Elle était grande, bien faite, avec l'œil noir, comme il convient à une Napolitaine d'origine espagnole, le geste grave et majestueux comme l'aurait une statue antique animée. Elle était à la fois poète, musicienne et femme politique; il y avait en elle de la baronne de Staël, de la Delphine Gay et de madame Roland.

Elle était, en poésie, l'émule de Métastase; en musique, celle de Cimarosa; en politique, celle de Mario Pagano.

Elle étudiait en ce moment une ode patriotique de Vicenzo Monti, dont Cimarosa avait composé la musique.

Vicenzo Monti était un homme de quarante-cinq ans, le rival d'Alfieri, sur lequel il l'emporte par l'harmonie, la poésie du langage et l'élégance. Jeune, il avait été secrétaire de cet imbécile et insatiable prince Braschi, neveu de Pie VI, et pour l'enrichissement duquel le pape avait soutenu le scandaleux procès Lepri. Il avait fait trois tragédies : *Aristodème*, *Caïus Gracchus* et *Manfredi;* puis un poëme en quatre chants, *la Basvigliana*, dont la mort de Basville était le sujet. Puis il était devenu secrétaire du directoire de la république cisalpine, professeur d'éloquence à Paris et de belles-lettres à Milan. Il venait de faire *la Marseillaise italienne*, dont Cimarosa venait de faire la musique, et ces vers qu'Eleonora Pimentel lisait avec enthousiasme, parce qu'ils correspondaient à ses sentiments, étaient les siens.

Dominique Cimarosa, qui était assis devant le piano, sur les touches duquel erraient distraitement ses doigts, était né la même année que Monti ; mais jamais deux hommes n'avaient plus différé, physiquement du moins, l'un de l'autre, que le poëte et le musicien. Monti était grand et élancé, Cimarosa était gros et court ; Monti avait l'œil vif et incisif, Cimarosa, myope, avait des yeux à fleur de tête et sans expression ; tandis qu'à la seule vue de Monti, l'on pouvait se dire que l'on avait devant les yeux un homme supérieur, rien, au contraire, ne révélait dans Cimarosa le génie dont il était doué, et à peine pouvait-on croire, lorsque son nom était prononcé, que c'était là l'homme qui, à dix-neuf ans, commençait une carrière qui, en fécondité et en hauteur, égale celle de Rossini.

Le groupe le plus remarquable après celui-ci, qui, du reste, dominait les autres comme celui d'Apollon et des Muses dominait ceux du Parnasse de Tithon du Tillet, se composait de trois femmes et de deux hommes.

Les trois femmes étaient trois des femmes les plus irréprochables de Naples. La duchesse Fusco, dans le salon de laquelle on était réuni et que nous connaissons de longue date comme la meilleure et la plus intime amie de Luisa, la duchesse de Pepoli et la duchesse de Cassano.

Lorsque les femmes n'ont point reçu de la nature

quelque talent hors ligne, comme Angelica Kauffmann en peinture, comme madame de Staël en politique, comme George Sang en littérature, le plus bel éloge que l'on puisse faire d'elles est de dire qu'elles étaient de chastes épouses et d'irréprochables mères de famille. *Domum mansit, lanam fecit*, disaient les anciens : *Elle garda la maison et fila de la laine*, et tout était dit.

Nous bornerons donc l'éloge de la duchesse Fusco, de la duchesse de Pepoli et de la duchesse de Cassano à ce que nous en avons dit.

Quant au plus âgé et au plus remarquable des hommes qui faisaient partie du groupe, nous nous étendrons plus longuement sur lui.

Cet homme, qui paraissait avoir soixante ans, à peu près, portait le costume du xviii° siècle dans toute sa pureté, c'est-à-dire la culotte courte, les bas de soie, les souliers à boucles, le gilet taillé en veste, l'habit classique de Jean-Jacques Rousseau et, sinon la perruque, du moins la poudre dans ses cheveux. Ses opinions très-libérales et très-avancées n'avaient eu l'influence de le modifier en rien.

Cet homme était Mario Pagano, un des avocats les plus distingués non-seulement de Naples, mais de toute l'Europe.

Il était né à Brienza, petit village de la Basilicate, et

était élève de cet illustre Genovesi qui, le premier, ouvrit, par ses ouvrages, aux Napolitains, un horizon politique qui, jusque-là, leur était inconnu. Il avait été ami intime de Gaetano Filangieri, auteur de la *Science de la Législation*, et, guidé par ces deux hommes de génie, il était devenu une des lumières de la loi.

La douceur de sa voix, la suavité de sa parole, l'avaient fait surnommer *le Platon de la Campanie*. Encore jeune, il avait écrit la *Juridiction criminelle*, livre qui avait été traduit dans toutes les langues et qui avait obtenu une mention honorable de notre Assemblée nationale. Les jours de la persécution arrivés, Mario Pagano avait eu le courage d'accepter la défense d'Emmanuele de Deo et de ses deux compagnons; mais toute défense était inutile, et, si brillante que fût la sienne, elle n'eut d'effet que d'augmenter la réputation de l'orateur et la pitié que l'on portait aux victimes qu'il n'avait pu sauver. Les trois accusés étaient condamnés d'avance; et tous trois, comme nous l'avons déjà dit, furent exécutés; le gouvernement, étonné du courage et de l'éloquence de l'illustre avocat, comprit qu'il était un de ces hommes qu'il vaut mieux avoir pour soi que contre soi. Pagano fut nommé juge. Mais, dans ce nouveau poste, il conserva une telle énergie de caractère et une telle intégrité, qu'il devint pour les

Vanni et les Guidobaldi un reproche vivant. Un jour, sans que l'on sût pour quelle cause, Mario Pagano fut arrêté et mis dans un cachot, espèce de tombe anticipée, où il resta treize mois. Dans ce cachot, filtrait, à travers une étroite ouverture, un seul rayon de lumière qui semblait venir dire de la part du soleil : « Ne désespère pas, Dieu te regarde. » A la lueur de ces rayons, il écrivit son *Discours sur le beau*, œuvre si pleine de douceur et de sérénité, qu'il est facile de reconnaître qu'elle est écrite sous un rayon de soleil. Enfin, sans être déclaré innocent, afin que la junte d'État pût toujours remettre la main sur lui, il fut rendu à la liberté, mais privé de tous ses emplois.

Alors, reconnaissant qu'il ne pouvait plus vivre sur cette terre d'iniquité, il avait passé la frontière et s'était réfugié à Rome, qui venait de proclamer la République. Mais Mack et Ferdinand l'y avaient suivi de près, et force lui fut de chercher un refuge dans les rangs de l'armée française.

Il était revenu à Naples, où Championnet, qui connaissait toute sa valeur, l'avait fait nommer membre du gouvernement provisoire.

Son interlocuteur, moins célèbre alors qu'il ne le fut depuis par ses fameux *Essais sur les révolutions de Naples*, était déjà cependant un magistrat distingué par son érudition et son équité. Sa conversation très-animée, avec Pagano, roulait sur la nécessité de fonder à Naples un journal politique dans le genre du *Moniteur* français. C'était la première feuille de ce genre qui paraîtrait dans la capitale des Deux-Siciles. Maintenant, le point en litige était celui-ci : Tous les articles seraient-ils signés, ou paraîtraient-ils, au contraire, sans signature?

Pagano prenait la question à son point de vue moral. Rien, selon lui, n'était plus naturel que, du moment que l'on affirmait une question, on la signât. Cuoco prétendait, au contraire, que, par cette sévérité de principes, on écartait de soi une foule de gens de talent qui, par timidité, n'oseraient plus donner leur concours au journal de la République, du moment qu'ils seraient forcés d'avouer qu'ils y travaillaient.

Championnet, qui assistait à la soirée, fut appelé par Pagano pour donner son avis sur cette grave question. Il dit qu'en France les seuls articles *Variétés* et *Sciences* étaient signés, ou bien encore quelques appréciations hors ligne que leurs auteurs n'avaient point la modestie de laisser passer sous le voile de l'incognito.

L'opinion de Championnet sur cette matière faisait d'autant plus loi que c'était lui qui avait donné l'idée de cette fondation.

Il fut donc convenu que ceux qui voudraient signer leurs articles les signeraient, mais aussi que ceux qui voudraient garder l'incognito pourraient le garder.

Restait la question d'un rédacteur en chef. C'était, en supposant une restauration, un cas pendable, comme disent les matassins de M. de Pourceaugnac, que d'avoir été rédacteur en chef du *Moniteur parthénopéen*. Mais, cette fois encore, Championnet leva la difficulté, en disant que le rédacteur en chef était déjà trouvé.

A ces mots, la susceptibilité nationale de Cuoco se souleva. Présenté par Championnet, ce rédacteur en chef devait naturellement être un étranger; et, si prudent que fût le digne magistrat, il eût préféré risquer sa tête en mettant son nom au bas de la feuille officielle que d'y laisser mettre le nom d'un Français.

C'était le lendemain, au reste, que paraissait le premier numéro : pendant que l'on discutait si le *Moniteur parthénopéen* serait ou non signé, le *Moniteur* se composait.

Autour d'une grande table couverte d'un tapis vert et sur lequel se trouvaient réunis encre, plume et papier, cinq ou six membres des comités étaient assis et rédigeaient des ordonnances qui devaient être affichées le lendemain; Carlo Laubert les présidait.

Les ordonnances que rédigeaient les membres des comités concernaient la dette royale, qui était reconnue dette nationale, dette dans laquelle se trouvaient compris tous les vols qu'au moment de son départ le roi avait faits, soit dans les banques privées, soit dans les établissements de bienfaisance, tels que le Mont-de-Piété, l'hospice des Orphelins, le serraglio dei Poveri.

Puis venait un décret concernant les secours accordés aux veuves des martyrs de la révolution ou des victimes de la guerre, aux mères des héros qui, dans l'avenir, mourraient pour la patrie. C'était Manthonnet qui rédigeait ce décret, et, après l'avoir rédigé, il écrivit en marge de ce dernier paragraphe cette simple annotation :

J'espère que ma mère aura droit un jour à cette faveur.

Puis un autre décret concernant l'abaissement du prix du pain et du macaroni, la suppression des droits d'entrée sur l'huile et l'abolition des baisemains entre hommes et du titre d'*excellence*.

Sur une table à part, le général Dufresse, commandant de la ville et des châteaux, rédigeait cette curieuse ordonnance sur les théâtres :

« Le général commandant la place et les châteaux.

» Les rapports que la municipalité et les directeurs des différents théâtres me font parvenir chaque jour contre les militaires de tous grades, m'obligent à rappeler ceux-ci à leurs devoirs en les prévenant régulièrement. Cet avis donné, ceux qui, au mépris de la discipline, s'oublieront eux-mêmes, et, en s'oubliant eux-mêmes, oublieront ce qu'ils doivent à la société, seront sévèrement punis.

» Les théâtres, dans tous les temps, ont été institués pour reproduire les ridicules, les vertus et les vices des nations, de la société et des individus; dans tous les temps, ils ont été un centre de réunion, un objet de respect, un lieu d'instruction pour les uns, de récréation tranquille pour les autres, de repos pour tous. En vue de telles considérations, et depuis la régénération française, les théâtres sont appelés l'école des mœurs.

» En conséquence, tout militaire ou tout individu qui y troublera l'ordre et qui s'éloignera de la décence, qui doit être la première loi des lieux publics, soit par une approbation ou une désapprobation immodérée envers les acteurs, et finalement interrompra la représentation, de quelque manière que ce soit, sera immédiatement arrêté et conduit par la garde du *buon governo*, à la maison du commandant de place, pour y être puni selon la gravité de la faute qu'il aura commise.

» Tout militaire ou tout individu qui, malgré les lois rendues et les ordres donnés par le général en chef de respecter les personnes et la propriété, prétendra s'approprier une place qui n'est point la sienne, — et cela arrive tous les jours, — sera également conduit au commandant de place.

» Tout militaire ou tout individu qui, contre le bon ordre et l'usage des théâtres, essayera de forcer la sentinelle pour entrer sur la scène ou dans les loges des acteurs, sera arrêté et de même conduit au commandant de place.

» L'officier de garde et l'adjudant-major de la place sont chargés de veiller à l'exécution du présent règlement, et ceux qui, en cas de trouble, n'en feraient pas arrêter les auteurs, seront considérés et punis comme perturbateurs eux-mêmes. »

Ce règlement achevé, le général Dufresse fit signe à Championnet, qui lisait un papier à la lueur d'un candélabre, que son rapport était fini et qu'il désirait le lui communiquer. Championnet interrompit sa lecture, vint à Dufresse, écouta son rapport et l'approuva en tout point.

Fort de cette approbation, Dufresse le signa.

Alors, Championnet pria qu'on voulût bien l'écou-

un instant, invita Velasco et Nicolino Caracciolo, ces deux hommes politiques qui avaient quarante-trois ans à eux deux, et qui, tandis que les personnages graves s'occupaient de l'éducation des peuples, s'occupaient, eux, de celle du perroquet de la duchesse Fusco, pria, disons-nous, Velasco et Nicolino de faire silence.

La chose ne fut pas difficile à obtenir. Par sa douceur, sa fermeté, son respect des mœurs, son amour de l'art, Championnet avait conquis les sympathies de toutes les classes, et, dans Naples, la ville ingrate par excellence, aujourd'hui encore, un certain écho affaibli par le temps, mais perceptible cependant, apporte aux contemporains son nom à travers cinq générations et les deux tiers d'un siècle.

Championnet se rapprocha de la cheminée, se replaça dans le rayon de lumière projeté par le candélabre, déplia le papier qu'il était en train de lire, lorsque Dufresse l'avait interrompu, et, de sa voix douce et sonore à la fois, en excellent italien :

— Mesdames et messieurs, dit-il, je vous demande la permission de vous lire le premier article du *Moniteur parthénopéen*, qui paraît demain samedi, 6 février 1799, vieux style, — et je me sers du vieux style, parce que je ne vous crois pas encore parfaitement habitués au nouveau; sans quoi, je dirais samedi 18 pluviôse. Ce sont les épreuves de cet article que je reçois à l'instant même de l'imprimerie. Voulez-vous l'entendre, et, comme il doit être en quelques mots l'expression de l'opinion de tous, faire vos observations, si vous avez des observations à faire?

Cette espèce d'annonce excita la plus vive curiosité. Nous l'avons dit, le nom du rédacteur en chef du *Moniteur* était encore inconnu, et chacun était avide de savoir de quelle façon il débuterait dans cet art, complétement ignoré à Naples, de la publicité quotidienne.

Chacun se tut donc, même Monti, même Cimarosa, même Velasco, même Nicolino, même leur élève, le perroquet de la duchesse.

Championnet, au milieu du plus profond silence, lut alors l'espèce de programme suivant :

Liberté.   *Égalité.*

MONITEUR PARTHÉNOPÉEN.

N° 1er

» Samedi 18 pluviôse, an VII de la liberté et 1er de la République napolitaine une et indivisible.

» Enfin, nous sommes libres !... »

Un frémissement courut dans l'assemblée, et chacun fut prêt à répéter par acclamation ce cri qui s'échappait de tous les cœurs généreux, et par lequel un nouvel organe des grands principes propagés par la France annonçait son existence au monde.

Championnet, avant même que ce frémissement fût éteint, continua :

« Enfin, le jour est venu où nous pouvons prononcer sans crainte les saints noms de *liberté* et *d'égalité*, en nous proclamant les dignes fils de la république mère, les dignes frères des peuples libres de l'Italie et de l'Europe.

» Si le gouvernement tombé a donné un exemple inouï d'aveugle et implacable persécution, le nombre des martyrs de la patrie s'est augmenté, voilà tout. Pas un seul d'entre eux, en face de la mort, n'a fait un pas en arrière; tous, au contraire, d'un œil serein, ont regardé l'échafaud et d'un pas ferme en ont monté les degrés. Beaucoup, au milieu des plus atroces douleurs, sont restés sourds aux promesses de l'impunité, aux offres de récompenses que l'on murmurait à leurs oreilles, stables dans leur foi, immuables dans leurs convictions.

» Les passions mauvaises insinuées depuis tant d'années, par tous les moyens de séduction possibles, dans les classes les plus ignorantes du peuple, à qui les proclamations et les instructions pastorales dépeignaient la généreuse nation française sous les plus noires couleurs, les basses menées du vicaire général François Pignatelli, dont le nom seul soulève le cœur, menées qui avaient pour but de faire croire au peuple que la religion serait abolie, la propriété ruinée, ses femmes et ses filles violées, ses fils assassinés, ont, par malheur, taché de sang la belle œuvre de notre régénération. Plusieurs pays se sont insurgés pour attaquer les garnisons françaises et ont succombé sous la justice militaire ; d'autres, après avoir assassiné beaucoup de leurs concitoyens, se sont armés pour s'opposer au nouvel ordre de choses, et ont dû, après une courte lutte, céder à la force. La nombreuse population de Naples, à laquelle, par la bouche de ses sbires, le vicaire général distillait la haine et l'assassinat, cette population, après sept jours d'anarchie sanglante, après s'être emparée des châteaux et des armes, après avoir saccagé la propriété et menacé la vie des honnêtes citoyens, cette population, pendant deux jours et demi, s'opposa à l'entrée de l'armée française. Les braves qui composaient cette armée, six fois moins nombreux que leurs adversaires, foudroyés du haut des toits, du haut des fenêtres, du haut des bastions par des ennemis invisibles, soit dans les chemins de traverse, soit dans les sentiers montueux, soit dans les rues étroites et tortueuses de la ville, ont dû conquérir le terrain pied à pied, plus encore par le courage intelligent que par la force matérielle. Mais, opposant un exemple de vertu et de civilisation à tant d'abrutissement et de cruauté, au fur et à mesure que le peuple était forcé de déposer les armes, le vainqueur généreux embrassait les vaincus et leur pardonnait.

» Quelques valeureux citoyens, profitant de l'intelligente victoire de notre brave Nicolino Caracciolo, digne du nom illustre qu'il porte, quelques valeureux citoyens, entrés au fort Saint-Elme dans la nuit du 20 au 21 janvier, avaient juré de s'ensevelir sous ses ruines, mais de proclamer la liberté du fond même de leur tombe, et, là, ils avaient dressé l'arbre symbolique non-seulement en leur nom, mais encore au nom des autres patriotes que les circonstances tenaient éloignés d'eux. Dans la journée du 21 janvier, jour à jamais mémorable, on voyait s'avancer les invincibles drapeaux de la république française; ils lui jurèrent alliance et fidélité. Enfin, le 23, à une heure de l'après-midi, l'armée fit son entrée victorieuse à Naples. Oh! ce fut alors un magique spectacle que de voir succéder, entre les vaincus et les vainqueurs, la fraternité à la boucherie, et que d'entendre le brave général Championnet reconnaitre notre république, saluer notre gouvernement, et, par de nombreuses et loyales proclamations, assurer à chacun la possession de la propriété, donner à tous l'assurance de la vie. »

La lecture, qui avait déjà, au précédent paragraphe, été interrompue par de nombreux applaudissements, le fut cette fois par un hourra unanime. L'auteur avait touché une fibre sensible et résonnante dans tous les cœurs napolitains, celle de la reconnaissance de la partie éclairée de la population à la république française, qui, à travers tant de périls, par des succès incroyables ou inespérés, venait lui apporter ces deux lumières qui émanent de Dieu lui-même, la civilisation et la liberté.

Championnet salua les applaudisseurs avec son charmant sourire et reprit :

« L'entrée, par la trahison, du despote déchu à Rome, sa fuite honteuse à Palerme sur les vaisseaux anglais, l'encombrement sur ces vaisseaux des trésors publics et privés, des dépouilles de nos galeries et de nos musées, des richesses de nos institutions pieuses, du pillage de nos banques, vol impudent et manifeste, qui a enlevé à la nation les dernières ressources de son numéraire, tout est connu maintenant.

» Citoyens, vous savez le passé, vous voyez le présent, c'est à vous de préparer et d'assurer l'avenir ! »

La lecture de ce cri de liberté, jeté à la fois par la bouche et par le cœur, cet appel patriotique à la fraternité des citoyens dans une ville où, jusqu'à ce jour, la fraternité était un mot inconnu, ce dévouement à la patrie dont les martyrs du passé avaient donné l'exemple aux martyrs de l'avenir, récompensé par l'éloge public, tout cela porta plus encore que la valeur du discours, si bien en harmonie, au reste, avec le sentiment de nationalité qui, au jour des révolutions, s'éveille et bout dans les âmes, tout cela porta le succès de la lecture jusqu'à l'exaltation. Ceux qui venaient de l'entendre crièrent d'une seule voix : « L'auteur ! » et l'on vit alors descendre de son estrade et venir, d'un pas lent et timide dans sa majesté, se ranger près de Championnet, pareille à la muse de la patrie, protégée par la victoire, la belle, chaste et noble Eleonora Pimentel.

L'article était écrit par elle ; c'était elle, ce rédacteur en chef inconnu du *Moniteur parthénopéen*. Une femme avait réclamé l'honneur, mortel peut-être, de cette rédaction, pour laquelle des hommes timides demandaient, patriotes bien connus cependant, le bénéfice de l'*incognito*.

Alors, de l'exaltation, on passa à l'enthousiasme ; des hourras frénétiques éclatèrent ; tous ces patriotes, quels qu'ils fussent, juges, législateurs, lettrés, savants, officiers généraux se précipitèrent vers elle avec cet enthousiasme méridional qui se traduit par des gestes désordonnés et des cris furieux. Les hommes tombèrent à genoux, les femmes s'approchèrent en s'inclinant. C'était le succès de Corinne chantant au Capitole la grandeur évanouie des Romains, succès d'autant plus grand pour Éléonora que ce n'était point la grandeur du passé qu'elle chantait, mais les espérances de l'avenir. Et, comme il faut toujours que le grotesque se mêle au sublime, au moment où cessait une triple salve d'applaudissements, on entendit une voix rauque et avinée qui criait : « Vive la République ! mort aux tyrans ! »

C'était celle du perroquet de la duchesse Fusco, élève, comme nous l'avons dit, de Velasco et de Nicolino, qui faisait honneur à ses maîtres et montrait qu'il avait profité de leurs leçons.

Il était deux heures du matin : cet épisode comique termina la soirée. Chacun, enveloppé de son manteau ou de sa coiffe, appela ses gens et fit appeler sa voiture ; car tous ces sans-culottes, comme le roi les appelait, appartenant à l'aristocratie de la fortune ou de la science, tout au contraire des sans-culottes français, avaient des voitures et des gens.

Après avoir embrassé les femmes, serré la main des hommes, pris congé de tous, la duchesse Fusco resta seule dans le salon, tout à l'heure plein de monde et de bruit, maintenant solitaire et mort, et, allant droit à une fenêtre devant laquelle retombait un riche rideau de damas cramoisi, elle souleva ce rideau, et, côte à côte dans l'embrasure de cette fenêtre comme deux oiseaux dans un même nid, elle découvrit Luisa et Salvato, qui, au milieu de toute cette foule, avec ce laisser aller auquel, en Italie, nul ne trouve à redire, s'étaient isolés et, la main dans la main, la tête appuyée contre l'épaule, se disaient de ces douces choses qui, quoique dites à voix basse, couvrent, pour ceux qui les écoutent, les roulements du tonnerre et les éclats de la foudre.

Les deux jeunes gens, au rayon de lumière qui pénétrait dans leur réduit, éclairé jusque-là seulement par une douce pénombre, rentrèrent dans la vie réelle, de laquelle ils étaient sortis sur les ailes dorées de l'idéal, et tournèrent, sans changer de position, leurs yeux souriants vers la duchesse, comme durent le faire les premiers habitants du Paradis surpris par un ange du Seigneur sous le berceau de verdure et au milieu des massifs de fleurs, au moment où, pour la première fois, ils venaient d'échanger le mot *je t'aime!*

Ils étaient entrés là au commencement de la soirée et y étaient restés jusqu'à la fin. De tout ce qui avait été dit, ils n'avaient rien entendu; de tout ce qui s'était passé, ils ne se doutaient même pas. Les vers de Monti, la musique de Cimarosa, l'article de la Pimentel, tout était venu se briser contre cette tenture de damas qui séparait du monde leur Éden ignoré.

En voyant le salon vide, en voyant la duchesse seule, ils ne comprirent qu'une chose, c'est qu'il était l'heure de se séparer.

Ils poussèrent un soupir, et, en même temps, ensemble, avec le même accent, ils murmurèrent :

— A demain !

Puis, ému, chancelant d'amour, Salvato serra une dernière fois Luisa contre son cœur, prit congé de la duchesse, et sortit, tandis que Luisa, jetant les bras au cou de son amie, dans la pose de la jeune fille antique confiant son secret à Vénus, murmurait aux oreilles de la duchesse :

— Oh! si tu savais combien je l'aime !

XXXIII

ANDRÉ BACKER

En repassant le seuil de la porte de communication, Luisa trouva Giovannina qui l'attendait dans le corridor.

La jeune fille laissait transparaître sur sa figure cette satisfaction qu'éprouvent les inférieurs quand une occasion importante leur est donnée d'entrer dans la vie de leurs maîtres.

Luisa sentit pour sa femme de chambre un mouvement de répulsion qu'elle n'avait point encore éprouvé.

— Que faites-vous là, et que me voulez-vous? demanda-t-elle.

— J'attendais madame pour lui dire une chose de la plus haute importance, répondit Giovannina.

— Et quelle chose avez-vous à me dire?

— Que le beau banquier est là.

— Le beau banquier? De qui voulez-vous parler, mademoiselle?

— De M. André Backer.

— De M. André Backer! Et comment M. André Backer est-il là?

— Il est venu dans la soirée, madame, vers dix heures; il a demandé à vous parler; selon les ordres que madame m'avait donnés, j'ai d'abord refusé de le recevoir; il a insisté alors avec tant d'obstination, que je lui ai dit la vérité, c'est-à-dire que madame n'y était pas; il a cru que c'était une défaite, et, comme il me suppliait, au nom de l'intérêt de madame, de le laisser lui dire quelques paroles seulement, je lui ai fait voir toute la maison pour lui montrer que vous étiez bien véritablement sortie; alors, comme, malgré ses prières, je refusais de lui dire où vous étiez, il a pénétré, malgré moi, dans la salle à manger, s'est assis sur une chaise et a dit qu'il vous attendrait.

— Alors, comme je n'ai aucune raison de recevoir M. André Backer à deux heures du matin, je rentre chez la duchesse, et je n'en sortirai que quand M. André Backer sera hors de chez moi.

Et Luisa fit, en effet, un mouvement pour rentrer chez son amie.

— Madame!... dit à l'autre bout du corridor une voix suppliante.

Cette voix fit passer Luisa de l'étonnement, nous ne dirons pas à la colère, son cœur de colombe ne connaissant pas ce sentiment extrême, mais à l'irritation.

— Ah! c'est vous, monsieur, lui dit-elle en marchant résolûment à lui.

— Oui, madame, répondit le jeune homme, incliné, le chapeau à la main, dans l'attitude la plus respectueuse.

— Alors, vous avez entendu ce que je viens, à propos de vous, de dire à ma femme de chambre?

— Je l'ai entendu.

— Comment, vous étant introduit chez moi presque de force, et sachant que je désapprouve vos visites, comment êtes-vous encore ici?

— Parce qu'il y a urgence à ce que je vous parle, urgence absolue; comprenez-vous, madame?

— Urgence absolue? répéta Luisa avec un accent de doute.

— Madame, je vous engage ma parole d'honnête homme, — cette parole qu'un homme de notre nom et de notre maison n'a jamais, depuis trois cents ans, engagée légèrement, — je vous engage ma parole que, pour la sécurité de votre fortune et le salut de votre vie, je vous donne ma parole qu'il faut que vous m'entendiez.

L'accent de conviction avec lequel le jeune homme prononça ces paroles ébranla la San-Felice.

— Sur cette assurance, monsieur, demain, à une heure convenable, je vous recevrai.

— Demain, madame, peut-être sera-t-il trop tard; puis, une heure convenable... Qu'entendez-vous par une heure convenable?

— Dans la journée, vers midi, par exemple, de plus grand matin même, si vous le voulez.

— Pendant le jour, on me verra entrer chez vous, madame, et il est important que nul ne sache que vous m'avez vu.

— Pourquoi cela?

— Parce que, de ma visite, il pourrait résulter un grand danger.

— Pour moi ou pour vous? dit en essayant de sourire Luisa.

— Pour tous deux, répondit gravement le jeune banquier.

Il se fit un instant de silence. Il n'y avait point à se tromper à l'intonation sérieuse du visiteur nocturne.

— Et, d'après les précautions que vous prenez,

répliqua Luisa, il me paraît que cette conversation doit avoir lieu sans témoins.

— Ce que j'ai à vous dire, madame, ne peut-être dit que seul à seul.

— Et vous savez que, dans une conversation seul à seul, il est une chose dont il vous est interdit de me parler?

— Aussi, madame, si je vous en parle, ne sera-ce que pour vous faire comprendre qu'à vous seule je pouvais faire la révélation que vous allez entendre.

— Venez, monsieur, dit Luisa.

Et, passant devant André, qui, pour la laisser passer, se rangea contre le mur des corridors, elle le conduisit dans la salle à manger, que Giovannina avait éclairée, et referma la porte derrière lui.

— Vous êtes certaine, madame, dit Backer regardant autour de lui, que personne ne peut nous écouter et nous entendre?

— Il n'y a ici que Giovannina, et vous l'avez vue rentrer chez elle.

— Mais derrière cette porte, ou derrière celle de votre chambre à coucher, elle pourrait écouter.

— Fermez-les toutes deux, monsieur, et passons dans le cabinet de travail de mon mari.

Les précautions mêmes que prenait André Backer

pour que sa conversation ne fût point entendue avaient complétement rassuré Luisa sur le sujet de la conversation. Le jeune homme n'eût point osé se livrer à de pareilles insistances, s'il eût été question de lui parler d'un amour si franchement repoussé déjà.

La porte du cabinet resta ouverte, et les deux portes de la salle à manger fermées avec soin donnèrent à Backer la certitude qu'il ne pouvait être entendu.

Luisa était tombée sur une chaise, et, la tête dans sa main, le coude appuyé à la table sur laquelle, autrefois, travaillait son mari, elle rêvait.

Depuis le départ du chevalier, c'était la première fois qu'elle rentrait dans ce cabinet : une foule de souvenirs y rentraient avec elle et l'assiégeaient.

Elle pensait à cet homme si parfaitement bon pour elle, dont la mémoire s'était cependant si facilement et presque si complétement éloignée de sa pensée ; elle mesurait presque avec effroi l'étendue de cet amour qu'elle avait voué à Salvato, amour jaloux et envahisseur qui s'était emparé d'elle et avait, pour ainsi dire, chassé de son cœur tout autre sentiment ; elle se demandait, de là à une infidélité complète, quelle distance il y avait, et elle s'aperçut que la distance morale parcourue était plus grande que la distance matérielle qui lui restait à parcourir.

La voix d'André Backer la tira de cette rêverie rapide et la fit tressaillir. Elle avait déjà oublié qu'il était là.

Elle lui fit signe de s'asseoir.

André s'inclina, mais resta debout.

— Madame, dit André, quelle que soit la défense que vous m'avez faite de jamais vous parler de mon amour, il faut cependant, pour que vous compreniez la démarche que je fais près de vous et l'étendue du danger auquel je m'expose en la faisant, il faut cependant que vous compreniez combien cet amour était dévoué, profond et respectueux.

— Monsieur, dit Luisa en se levant, que vous parliez de cet amour au passé au lieu d'en parler au présent, vous n'en parlez pas moins d'un sentiment dont je vous ai absolument interdit l'expression. J'espérais, en vous recevant à cette heure, et après vous avoir manifesté ma répugnance à vous recevoir, n'avoir point à vous rappeler ma défense.

— Daignez m'entendre, madame, et veuillez me donner le temps de m'expliquer. Je vous ai dit qu'il était nécessaire que je vous rappelasse cet amour pour vous faire comprendre l'importance de la révélation que je vais vous faire.

— Eh bien, monsieur, arrivez vite à cette révélation.

— Mais cette révélation, madame, je voudrais que vous comprissiez bien que, de ma part, c'est une folie, presque une trahison.

— Alors, monsieur, ne la faites pas; ce n'est pas moi qui vais vous chercher, ce n'est pas moi qui vous presse.

— Je le sais, madame, et je prévois même que, probablement, vous ne m'aurez nulle reconnaissance de ce que je vais vous dire; mais n'importe! une fatalité me pousse, il faut que ma destinée s'accomplisse.

— J'attends, monsieur, répondit Luisa.

— Eh bien, madame, sachez donc qu'une grande conspiration est ourdie, et que de nouvelles Vêpres siciliennes se préparent non-seulement contre les Français, mais aussi contre leurs partisans.

Luisa sentit un frisson courir par tout son corps, et, à l'instant même, devint attentive. Ce n'était plus d'elle qu'il était question, c'était des Français, et, par conséquent, de Salvato. La vie de Salvato était menacée, et peut-être cette révélation de Backer allait-elle lui donner moyen de sauver cette vie si chère qu'elle avait déjà conservée.

Par un mouvement involontaire, et en se penchant

sur la table, elle se rapprocha du jeune homme; sa bouche était muette, mais ses yeux interrogeaient.

— Dois-je continuer? demanda Backer.

— Continuez, monsieur, fit Luisa.

— Dans trois jours, c'est-à-dire dans la nuit de vendredi à samedi, non-seulement les dix mille Français qui sont à Naples et dans les environs, mais encore, comme je vous l'ai dit, madame, tous ceux qui sont leurs partisans seront égorgés. Entre dix et onze heures du soir, les maisons où les meurtres doivent s'accomplir seront marquées d'une croix rouge; à minuit, le massacre aura lieu.

— Mais c'est horrible, mais c'est atroce, monsieur, ce que vous me dites là!

— Pas plus horrible que les Vêpres siciliennes, pas plus atroce que la Saint-Barthélemy. Ce que Palerme a fait pour échapper aux Angevins et Paris pour se délivrer des huguenots, Naples peut bien le faire pour se débarrasser des Français.

— Et vous ne craignez point que, vous hors de cette maison, je ne coure révéler ce projet?

— Non, madame! car vous réfléchirez que je ne vous ai pas même demandé la promesse de garder le secret; non, madame! car vous réfléchirez qu'un dévouement comme le mien ne doit pas être payé par une ingratitude; non, madame! car vous réfléchirez que votre nom est trop beau et trop pur pour être attaché par l'histoire au pilori de la trahison.

Luisa tressaillit; car elle comprit, en effet, ce qu'il y avait de grandeur et de dévouement dans ce secret que lui confiait, sans condition aucune, le jeune banquier. Seulement, il lui restait à savoir pourquoi il le lui confiait.

— Excusez-moi, monsieur, dit-elle, mais j'en suis à me demander ce que j'ai à faire avec les Français et avec les partisans des Français, moi, la femme du bibliothécaire, je dirai plus, de l'ami du prince royal.

— C'est vrai, madame; mais le chevalier San-Felice n'est plus là pour vous protéger par sa présence, pour vous couvrir par son loyalisme; et laissez-moi vous dire ceci, madame : j'ai vu avec terreur que votre maison était de celles qui devaient être marquées d'une croix.

— Ma maison? s'écria Luisa en se levant.

— Madame, je conçois que ce que je vous dis vous étonne, vous révolte même. Mais écoutez-moi jusqu'au bout. Dans des temps comme les nôtres, temps de trouble et d'orage, nul n'est exempt de soupçon, et, d'ailleurs, quand les soupçons dorment, les dénonciateurs sont là pour les éveiller. Eh bien, madame, j'ai vu, j'ai tenu entre mes mains, j'ai lu de mes yeux une dénonciation, anonyme, c'est vrai, mais tellement précise, qu'il n'y a pas à douter de sa véracité.

— Une dénonciation? fit Luisa étonnée.

— Une dénonciation, oui, madame.

— Mais une dénonciation contre moi?

— Contre vous.

— Et que disait cette dénonciation? demanda Luisa pâlissant malgré elle.

— Elle disait, madame, que, dans la nuit du 22 au 23 septembre de l'année dernière, vous aviez recueilli chez vous un aide de camp du général Championnet.

— Oh! murmura Luisa sentant la sueur lui monter au front.

— Que cet aide de camp blessé par Pasquale de Simone avait été soustrait par vous à la vengeance de la reine; qu'il avait été pansé par une sorcière albanaise nommée Nanno; qu'il était resté six semaines caché chez vous, et n'en était sorti, déguisé en paysan des Abruzzes, que pour aller rejoindre le général Championnet assez à temps pour prendre part à la bataille de Civita-Castellana.

— Eh bien, monsieur, dit Luisa, lorsque cela serait, y a-t-il un crime à recueillir un blessé, à sauver la vie à un homme, et faut-il, avant de verser sur ses blessures le baume du bon Samaritain, faut-il s'informer de son nom, de sa patrie ou de son opinion?

— Non, madame, il n'y a pas crime aux yeux de l'humanité; seulement, il y a crime aux yeux des partis. Mais peut-être les royalistes vous eussent-ils pardonné, madame, si, depuis, vous n'aviez point, en assistant à toutes les soirées de la duchesse Fusco, donné une gravité plus grande à cette dénonciation. Les soirées de la duchesse Fusco, madame, ne sont pas seulement des soirées : ce sont des clubs où les projets se discutent, où les lois s'élaborent, où les hymnes patriotiques se composent, se mettent en musique, se chantent; eh bien, madame, vous êtes de toutes ces soirées, et, quoiqu'on sache très-bien que vous y assistez par un autre motif qu'un motif politique...

— Prenez garde, monsieur, vous allez me manquer de respect!

— Dieu m'en garde, madame! répondit le jeune homme, et la preuve, c'est que c'est un genou en terre que j'achèverai ce que j'ai à vous dire.

Et Backer mit un genou en terre.

— Madame, dit-il, sachant que votre vie était compromise, puisque votre maison était au nombre des maisons désignées au couteau des lazzaroni, je suis venu vous apporter un talisman, un signe destiné à vous sauvegarder... Ce talisman, madame, le voici.

Il déposa sur la table une carte sur laquelle était gravée une fleur de lis.

— Ce signe, ne l'oubliez pas, c'est de porter le pouce de votre main droite à votre bouche et d'en mordre la première phalange.

— Il n'était pas besoin de mettre un genou en terre pour me dire cela, monsieur, dit Luisa avec une expression de bienveillance qui, malgré elle, illuminait son visage.

— Non, madame, mais pour ce qui me reste à vous dire.

— Dites.

— Il ne m'appartient pas, madame, de pénétrer dans vos secrets; ce n'est donc point une question que je vous fais, c'est un avis que je vous donne, et vous allez voir si cet avis est non-seulement désintéressé, mais généreux. A tort ou à raison, on dit que ce jeune aide de camp du général français que vous avez sauvé, on dit que vous l'aimez.

Luisa fit un mouvement.

— Ce n'est pas moi qui dis cela, ce n'est pas moi qui le crois; je ne veux rien dire, je ne veux rien croire; je veux que vous soyez heureuse, voilà tout;

je veux que ce cœur si noble, si chaste, si pur, ne se brise pas sous les atteintes de la douleur; je veux que ces beaux yeux, amours des anges, ne soient pas noyés dans les larmes. Je vous dis donc seulement, madame : Si vous aimez un homme, quel qu'il soit, d'un amour de sœur ou d'amante, et, si cet homme, comme Français, comme patriote, court un risque quelconque à passer ici la nuit de vendredi à samedi, sous un prétexte quelconque, éloignez cet homme, afin que, par son absence, il échappe aux massacres, et que je puisse me dire, moi, — ce sera ma récompense : — « A celle qui m'a fait tant souffrir, j'ai épargné une douleur. » Je me relève, madame, car j'ai dit.

Luisa, devant cette abnégation, si grande et si simple, sentit les larmes monter à ses yeux et lui mouiller les paupières. Elle tendit à André sa main, sur laquelle il se précipita.

— Merci, monsieur, dit-elle. Je ne puis deviner d'où vient la trahison, mais à vous je dirai : Le dénonciateur était bien instruit. Je n'ai jamais confié mon secret à personne, mais à vous je dirai : Eh bien, oui! j'aime, mais d'un amour maternel, quoique immense, un homme à qui j'ai sauvé la vie. Quand j'ai senti cet amour me prendre le cœur avec la violence d'une irrésistible passion, j'ai voulu partir, quitter Naples, suivre mon mari en Sicile, non point pour échapper à un sort fatal, à un sort mortel, qui m'est prédit, mais pour conserver au chevalier la foi que je lui ai promise, pour garder intact mon honneur de femme. Dieu ne l'a pas voulu : la tempête nous a séparés, la vague qui l'emportait m'a repoussée sur le rivage. Vous me direz que, la tempête calmée, j'eusse dû monter sur le premier bâtiment venu et rejoindre mon mari en Sicile. S'il l'eût ordonné, ou s'il eût simplement paru le désirer, je l'eusse fait; n'y étant point sollicitée, je n'en ai pas eu la force : je suis restée. Vous parliez de la fatalité qui vous pousse à me révéler votre secret; si vous avez la vôtre, moi aussi, j'ai la mienne. Suivons chacun la pente où le destin nous entraîne. Quelque part où le mien me conduise, là où je serai il y aura pour vous un cœur reconnaissant. Adieu, monsieur Backer. Fût-ce au milieu des plus affreuses tortures, votre nom ne sortira point de ma bouche, je vous le promets!

— Et le vôtre, répondit Backer en s'inclinant, fût-ce sur l'échafaud où je serais monté par vous, ne sortira jamais de mon cœur.

Et, saluant Luisa, il sortit laissant sur la table la carte fleurdelisée qui devait lui servir de signe de reconnaissance.

XXXIV

LE SECRET DE LUISA

Restée seule, Luisa retomba sur sa chaise et demeura immobile, perdue dans un abîme de réflexions.

Et d'abord quel pouvait être cet ennemi caché et anonyme si bien au courant de tout ce qui se passait dans la maison, et qui, dans une dénonciation adressée au comité royaliste, avait mentionné les moindres détails de la vie privée de Luisa?

Quatre personnes seulement connaissaient les détails mentionnés dans la dénonciation. Le docteur Cirillo, Michel le Fou, la sorcière Nanno et Giovannina. Le docteur Cirillo! le soupçon ne pouvait pas même s'arrêter sur lui; Michel le Fou eût donné sa vie pour sa sœur de lait.

Restaient la sorcière Nanno et Giovannina.

La sorcière Nanno pouvait dénoncer Salvato et Luisa à une époque où cette dénonciation eût été payée ce qu'elle valait : elle ne l'avait point fait. On ne pouvait donc attribuer à la cupidité la dénonciation qu'avait reçue Backer, elle ne pouvait être que l'effet de la haine.

Giovannina! les soupçons s'arrêtèrent et, quoique bien vaguement, se fixèrent sur elle.

Quelle cause Giovannina pouvait-elle avoir de haïr sa maîtresse?

Évidemment, aucune ne se présentait à l'esprit de Luisa; cependant, déjà depuis longtemps la jeune femme remarquait dans l'humeur de sa camériste des altérations qui, tant qu'elle n'avait point eu à s'en rendre compte, lui avaient paru de simples bizarreries de caractère, mais qui maintenant lui revenaient en mémoire et lui inspiraient des doutes sans lui donner une explication. Elle avait surpris chez sa femme de chambre des coups d'œil furtifs, des sourires mauvais, des paroles amères, et cela surtout depuis la nuit où, devant s'embarquer, au lieu de s'embarquer elle était revenue à la maison, et avait, d'une façon inattendue, reparu aux yeux de la jeune fille. Ces signes de mécontentement étaient devenus plus fréquents encore depuis l'arrivée des Français à Naples, et surtout depuis qu'elle et Salvato s'étaient revus.

Dans son dédain trop grand de l'humble position de Giovannina, il ne lui vint pas même à l'idée qu'elle pût aimer Salvato et être jalouse, et que les mêmes passions qui s'agitaient dans le cœur de la grande dame pussent s'agiter dans le cœur de la paysanne.

Seulement, ces soupçons de haine de la part de Giovannina persistèrent sans que la cause de cette haine lui fût connue.

Elle prit la carte fleurdelisée, la mit dans sa poitrine, et, s'éclairant elle-même, elle sortit du cabinet du chevalier, en referma la porte et passa dans sa chambre à coucher.

Dans sa chambre à coucher, elle trouva Giovannina, qui lui préparait sa toilette de nuit.

Prévenue qu'elle était contre la jeune fille, elle surprit le coup d'œil dont celle-ci l'accueillit à son entrée dans sa chambre. Ce coup d'œil malfaisant fut suivi d'un sourire gracieux; mais le sourire ne fut point tellement rapide, que la première impression ne demeurât dans son esprit.

Ne pouvant se douter de ce qui s'était passé, et n'ayant aucune idée des soupçons qui germaient dans le cœur de sa maîtresse, Nina voulut entamer une conversation avec elle. Cette conversation, quelques détours qu'elle eût pris, si Luisa lui eût permis de continuer, eût certainement abouti à la visite qu'elle venait de recevoir; mais Luisa y coupa court en lui disant sèchement qu'elle n'avait pas besoin de ses services.

Nina tressaillit, — elle n'était point habituée à être congédiée si durement, — et, avec son mauvais sourire, elle regagna sa chambre.

La visite du jeune banquier lui donnait fort à penser. Après lui avoir défendu sa porte, non-seulement Luisa avait consenti à le recevoir à deux heures du matin, mais encore elle l'avait reçu loin de tous les regards, les portes fermées, et dans l'appartement du chevalier.

Luisa, il est vrai, avait accueilli le jeune homme avec une physionomie sévère; mais, à son départ, elle était rentrée dans sa chambre le visage préoccupé seulement, attendri même. On voyait que ses yeux avaient, sinon pleuré, du moins senti l'humidité des larmes.

Qui avait pu ramener cette fière Luisa à des sentiments plus doux?

L'amour du beau jeune homme avait-il trouvé grâce dans son cœur, et y avait-il place dans ce cœur pour un amour nouveau à côté de l'amour ancien?

C'était impossible à croire; cependant, ce qui venait de se passer était bien extraordinaire.

Luisa, nous l'avons dit, avait remarqué le mauvais regard de Giovannina; mais elle avait à réfléchir sur quelque chose de plus grave que le nom du dénonciateur à trouver. Elle avait à réfléchir sur l'emploi qu'elle ferait de ce secret sans compromettre celui qui le lui avait confié, et comment elle sauverait Salvato sans perdre Backer.

Il fallait, avant tout, qu'elle vît le jeune officier; mais elle ne le voyait jamais que le soir chez la duchesse. Là, leur rencontre était toute naturelle, le salon de la duchesse étant, comme l'avait dit Backer, un véritable club.

Or, c'était bien du temps perdu que d'attendre un soir sur trois jours : c'était un jour de perdu. Il fallait donc l'envoyer chercher, et à Michele seul on pouvait confier un message de cette espèce.

Elle étendit le bras pour sonner Giovannina; mais, depuis dix minutes à peu près qu'elle l'avait renvoyée, Giovannina était peut-être couchée. Luisa pensa qu'il était plus simple d'aller à la chambre de la jeune fille et de lui porter l'ordre que de la forcer à le venir chercher.

La chambre de Giovannina n'était séparée de celle de sa maîtresse que par le corridor qui conduisait chez la duchesse Fusco.

Cette chambre était fermée par une porte vitrée seulement. La lumière y brillait encore, et, soit que le pas de Luisa fût si léger que Giovannina ne pût l'entendre, soit que l'occupation à laquelle elle se livrait l'absorbât trop profondément pour qu'elle songeât à autre chose, Luisa, en arrivant à la porte, put voir, à travers le rideau de fine mousseline qui en couvrait le vitrage, sa femme de chambre assise à une table et écrivant.

Comme peu importait à Luisa de savoir à qui Giovannina écrivait, elle ouvrit tout simplement et tout naturellement la porte. Mais sans doute il importait à Giovannina que sa maîtresse ne sût point qu'elle écrivait; car elle poussa un faible cri de surprise et se leva pour se placer entre Luisa et sa lettre.

Quoique étonnée que Nina écrivît à trois heures du matin, au lieu de se coucher et de dormir, Luisa ne lui fit aucune question, et se contenta de lui dire :

— Je voudrais voir Michel ce matin d'aussi bonne heure que possible : faites-le-lui savoir.

Puis, refermant la porte et rentrant chez elle, Luisa laissa sa femme de chambre libre de continuer sa lettre.

Comme on le comprend bien, Luisa dormit peu. Vers sept heures du matin, elle entendit du bruit dans la maison : c'était Giovannina qui se levait et sortait pour accomplir l'ordre de sa maîtresse.

Giovannina fut absente pendant près d'une heure et demie. Il est vrai qu'elle rentra avec Michele. Pour que la commission de sa maîtresse fût bien faite, elle avait voulu sans doute la faire elle-même.

Au premier coup d'œil que le lazzarone jeta sur Luisa, il comprit qu'il venait de se passer quelque chose de grave.

Luisa était tout à la fois pâle et fiévreuse; ses yeux étaient entourés de ce cercle bleuâtre qui dénonce l'insomnie.

— Qu'as-tu donc, petite sœur? demanda Michele avec inquiétude.

— Rien, répondit Luisa en essayant de sourire; seulement, le plus promptement possible j'ai besoin de voir Salvato.

— Ce ne sera pas difficile, petite sœur, et un saut est vite fait d'ici au palais d'Angri.

Et, en effet, Salvato logeait, avec le général Championnet, rue Toledo, à ce même palais d'Angri où, soixante ans plus tard, logea Garibaldi.

— Alors, dit Luisa, va, et reviens vite !

Michele ne fit qu'un saut, comme il avait dit; mais, avant qu'il fût revenu, un soldat de planton apportait une lettre de Salvato.

Elle était conçue en ces termes :

« Ma bien-aimée Luisa, ce matin, à cinq heures, j'ai reçu l'ordre du général de partir pour Salerne et d'y organiser une colonne que l'on envoie en Basilicate, où, à ce qu'il paraît, nous avons quelques troubles. J'estime que cette organisation, en y mettant toute l'activité possible, me prendra deux jours. Je pense donc être de retour vendredi soir.

» Si j'espérais, à mon retour, trouver la fenêtre de la ruelle ouverte, et si je pouvais passer une heure avec vous dans *la chambre heureuse*, je bénirais presque mon exil de deux jours qui me vaudrait une pareille faveur.

» J'ai laissé au palais d'Angri des hommes chargés de m'apporter mes lettres. J'en attends plusieurs, mais je n'en espère qu'une.

» Oh! l'adorable soirée que j'ai passée hier! oh! l'ennuyeuse soirée que je vais passer aujourd'hui!

» Au revoir, ma belle madone au Palmier! J'attends et j'espère.

» Votre SALVATO. »

Luisa fit un geste de désespoir.

Si Salvato n'était de retour que vendredi soir, comment aurait-elle le temps de le soustraire au massacre de la nuit?

Elle aurait le temps de mourir avec lui à peine!

Le planton attendait une réponse.

Qu'allait répondre Luisa? Elle n'en savait rien. Sans doute, la conspiration était organisée à Salerne comme à Naples. Le révélateur n'avait-il pas dit qu'elle devait éclater *à Naples et dans ses environs ?*

Elle crut un instant qu'elle allait devenir folle.

Giovannina, implacable comme la haine, lui répétait que le messager attendait une réponse.

Elle prit une plume et écrivit :

« Je reçois votre lettre, mon frère bien-aimé. En toute autre circonstance, je me serais contentée de vous répondre : « Vous aurez votre fenêtre ouverte, » et je vous attendrai dans la chambre heureuse. » Mais il faut que je vous voie avant deux jours. Je vous enverrai aujourd'hui Michele à Salerne ; il vous portera une lettre de moi, que je vous écrirai aussitôt que j'aurai remis un peu d'ordre dans mes idées.

» Si vous quittez votre hôtel, ou le palais de l'Intendance, ou le logement que vous aurez choisi enfin et où Michele ira vous chercher, dites où vous serez, afin que, partout où vous serez, il vous trouve.

Votre sœur, LUISA. »

Elle ferma, cacheta cette lettre et la remit au planton.

Celui-ci se croisa dans le jardin avec Michele.

Michele venait annoncer à Luisa ce que Luisa savait déjà, c'est-à-dire l'absence de Salvato et l'ordre qu'il avait donné de lui envoyer ses lettres à Salerne.

Luisa le pria de rester à la maison. Elle aurait sans doute, dans la journée, quelques commissions importantes à lùi donner ; peut-être l'enverrait-elle à Salerne.

Puis, plus agitée que jamais, elle rentra dans sa chambre et s'y enferma.

Michele, qui avait l'habitude de voir sa sœur de lait si calme, se retourna vers la jeune femme de chambre.

— Qu'a donc ce matin Luisa? lui demanda-t-il. Est-ce que, depuis que je suis devenu raisonnable, elle deviendrait folle, par hasard?

— Je ne sais, répondit Giovannina ; mais elle est ainsi depuis la visite que lui a faite, cette nuit, M. André Backer.

Michele vit le mauvais sourire qui passait sur les lèvres de Giovannina. Ce n'était point la première fois qu'il le remarquait ; mais, cette fois, ce sourire avait une telle expression de haine, que peut-être allait-il en demander l'explication, lorsque Luisa sortit de sa chambre enveloppée d'une mante de voyage. Son visage, plus ferme, sinon plus calme, donnait à sa physionomie l'expression d'une résolution prise et à laquelle il eût été inutile de s'opposer.

— Michele, dit-elle, tu peux disposer de toute ta journée, n'est-ce pas?

— De toute ma journée, de toute ma nuit, de toute ma semaine.

— Alors, viens avec moi.

Puis, se retournant vers Giovannina :

— Si je ne reviens pas ce soir, ne soyez pas inquiète, dit-elle; cependant, attendez-moi toute la nuit.

Et, faisant signe à Michele de la suivre, elle sortit la première.

— Madame, pour la première fois de sa vie, ne m'a pas tutoyée, dit Giovannina à Michele; tâchez donc de savoir d'elle pourquoi.

— Bon! répondit le lazzarone, elle t'aura vue sourire.

Et il descendit rapidement le perron pour rejoindre Luisa, qui l'attendait impatiente à la porte du jardin.

A Naples, les moyens de locomotion sont faciles, justement parce qu'il n'y a aucun service officiel arrêté.

S'il s'agit, par exemple, d'aller à Salerne et que le vent soit favorable, on traverse le golfe en barque, on prend une voiture à Castellamare, et l'on est à Salerne en trois heures et demie ou quatre heures

Si le vent est contraire, on prend une voiture à Naples, à la première place, au premier angle de rue, au premier carrefour; on contourne le golfe par Resina, Portici, Torre-del-Greco; on s'enfonce dans la montagne par la Cava, et l'on arrive à Salerne à peu près dans le même espace de temps.

A peine sur le quai, Michele s'informa du but du voyage, et, ayant appris que le but du voyage était Salerne, demanda à sa sœur de lait quel était le mode de locomotion qu'elle préférait.

— Le plus rapide, répondit Luisa.

Michele interrogea des yeux l'horizon; l'horizon était pur et promettait une journée magnifique. A Naples, le printemps commence en janvier, et, avec le printemps, les beaux jours. Une jolie brise soufflait du large et ridait doucement la surface du golfe, sur lequel on voyait glisser en tout sens une foule de balancelles, de tartanes, de felouques, dont on reconnaissait la destination à leur grandeur, et la nationalité à leur coupe ou à leur voilure. Michele proposa à Luisa la voie de mer, qui fut acceptée sans discussion.

Michele descendit sur la plage de Mergellina et fit prix : moyennant deux piastres, il avait la barque pour vingt-quatre heures.

S'il eût fallu ramer, la barque eût coûté le double;

mais on pouvait aller à la voile, et l'absence de fatigue fut estimée deux piastres.

Luisa, enveloppée dans une mante de voyage qui lui cachait entièrement le visage, descendit dans la barque et s'assit sur le manteau de Michele plié en quatre.

La petite voile triangulaire fut orientée, et la barque partit, gracieuse et blanche comme une mouette qui ouvre ses ailes.

On rasa la pointe du château de l'Œuf, sur lequel flottait le drapeau tricolore français, uni au drapeau tricolore napolitain, et l'on coupa diagonalement le golfe, le sillage du bateau formant la corde de l'arc.

Les deux mariniers avaient reconnu Michele. Malgré son brillant uniforme, ou peut-être même à cause de cela, la conversation s'engagea sur les affaires du temps.

Michele était un des auditeurs les plus assidus de Michelangelo Ceccone, ce bon prêtre patriote qui, mandé par Cirillo, avait assisté à ses derniers moments le sbire blessé par Salvato. Il avait traduit l'Évangile en patois napolitain, et expliquait aux lazzaroni ce livre, source de toute morale, qui leur était parfaitement inconnu.

L'esprit souple et facile du jeune lazzarone s'était

rapidement imprégné de l'esprit démocratique dont le souffle divin anime ce grand livre; et, prosélyte de la Révolution, il ne manquait jamais une occasion de lui faire des prosélytes.

Aussi, dès que l'on fut en marche et qu'après avoir d'un regard insouciant interrogé l'horizon, les deux mariniers eurent abandonné leur barque à la brise du nord-ouest, Michele leur adressa-t-il la parole.

— Eh bien, leur demanda-t-il en se frottant les mains, vous êtes contents, mes bons amis, j'espère?

— Contents de quoi? demanda le plus vieux des deux mariniers, qui ne paraissait point apprécier son bonheur à la mesure de celui de Michele.

— Sans doute, vous pourrez pêcher partout dans le golfe maintenant, du Pausilippe au cap Campanella, sans que le tyran vous en empêche.

— Quel tyran? demanda toujours le plus vieux.

— Comment, quel tyran? Mais Ferdinand, je suppose.

— On n'est point un tyran, parce que l'on pêche chez soi, répliqua le plus jeune, qui paraissait partager entièrement les opinions de son aîné, et qu'on empêche les autres d'y pêcher.

— Comment! tu prétends que la mer est au roi?

— Certainement que je le prétends.

— Eh bien, moi, je soutiens que la mer est à toi, à moi, à tout le monde.

— Tu as là une drôle d'idée.

— Sans doute. Et la preuve...

— Voyons la preuve.

— Écoute bien ceci.

— Nous écoutons.

— La terre est aux riches.

— Tu en conviens.

— Oui; et la preuve qu'elle est à eux et qu'ils y ont des droits, c'est qu'elle est divisée entre eux par des murs, des fossés, des bornes, des limites quelconques, tandis que fais-moi un peu le plaisir de me montrer les limites, les bornes, les haies, les fossés et les murs de la mer !

Un des deux mariniers voulut faire une observation.

— Attends, dit Michele, je n'ai pas fini. La terre, pour qu'elle produise, il faut la labourer, l'ensemencer; la mer se laboure toute seule et s'ensemence d'elle-même. Nous avons beau y puiser des moissons de soles, de rougets, de mulets, de lamproies, de murènes, de raies, de homards, de turbots, de langoustes, plus nous en prenons, plus il y en a; les moissons succèdent aux moissons, sans qu'on ait besoin d'engraisser ou de fumer la mer. C'est ce qui me fait dire : a terre est aux riches, mais la mer est aux pauvres et à Dieu. Or, il faut être un tyran, et un tyran abominable, pour ôter aux pauvres ce que Dieu leur a donné, quand l'Évangile dit : « Qui donne aux pauvres prête à Dieu. »

— Hum ! hum ! fit le plus éloquent des deux mariniers, embarrassé un instant.

— Voyons, réponds à cela, dit Michele se croyant déjà vainqueur.

— Eh bien, oui, je réponds.

— Que réponds-tu ?

— Je réponds que le roi a un casino à Mergellina...

— Oui, celui où il vendait son poisson.

— Un palais à Naples, un château à Portici, une villa à la Favorite, tout cela au bord du golfe.

— Eh bien, que prouve cela ?

— Cela prouve que le golfe est à lui, sinon la mer. Est-ce que nous avons des châteaux sur le bord du golfe, nous ?

— Oui, répéta le second marinier, encouragé par la polémique du premier, est-ce que nous avons des châteaux sur le bord du golfe ? Et toi, tout le premier, avec tes beaux habits, en as-tu ? Réponds.

— Alors, dit Michele, pourquoi ne bâtit-il pas un grand mur de la pointe du Pausilippe au cap Campanella, avec des portes pour laisser passer les barques et les vaisseaux ?

— Il est assez riche pour cela, s'il le voulait faire.

— Oui; mais il n'est point assez puissant; et rien qu'à la première tempête, Dieu, en soufflant sur ces murs, les ferait tomber comme ceux de Jéricho.

— Mais, alors, pourquoi, puisque toute sorte de prospérités devaient nous arriver, du moment que les Français seraient maîtres de Naples, pourquoi le pain et le macaroni sont-ils toujours au même prix que du temps du tyran?

— C'est vrai: mais la municipalité a rendu un décret qui fixe, à partir du 15 février prochain, le prix du pain et du macaroni au-dessous de l'ancien cours.

— Pourquoi au 15 février et pas tout de suite?

— Parce que le tyran a fait vendre à ses amis les Anglais tous les navires chargés de grain qui viennent des Pouilles et de Barbarie; il faut bien donner le temps à d'autres d'arriver. Que devons-nous faire en les attendant? Le haïr, le combattre, mourir plutôt que de rentrer sous sa domination. Les Français n'ont-ils pas fait ce qu'ils ont pu faire? N'ont-ils pas aboli le privilége de la pêche ? Tout le monde ne peut-il pas pêcher aujourd'hui dans les réserves du roi?

— Ça, c'est vrai.

— Et n'y trouvez-vous pas des poissons en abondance?

— Le fait est que c'est à croire qu'il avait choisi pour lui le plus beau et le meilleur.

— N'ont-ils pas aboli l'impôt du sel?

— C'est vrai.

— L'impôt de l'huile?

— C'est vrai.

— L'impôt sur le poisson séché?

— C'est vrai. Mais pourquoi ont-ils aboli le titre d'*excellence?* Qu'est-ce qu'elle leur a fait, cette pauvre *excellence?* Elle ne coûtait rien à personne.

— A cause de l'égalité.

— Qu'est-ce que cela, l'égalité? Est-ce que nous connaissons cela, nous?

— Et voilà justement le malheur, c'est que vous ne la connaissiez pas. Autrefois, il y avait des princes, des ducs; aujourd'hui, il n'y a que des citoyens. Tu es citoyen, toi, comme le prince de Maliterno, comme le duc de Rocca-Romana, comme les ministres, comme le maire, comme les conseillers municipaux!

— A quoi cela m'avance-t-il?

— A quoi cela t'avance?

— Oui, je te le demande.

— Regarde-moi.

— Je te regarde.

— Suis-je habillé comme toi?

— Il s'en faut.

— Eh bien, voilà ce que c'est que l'égalité, Giambardella. L'égalité, c'est pouvoir, étant né lazzarone, devenir colonel... Autrefois, les seigneurs étaient colonels dans le ventre de leur mère. Es-tu venu au monde avec un parchemin dans ta poche et des galons sur tes manches, toi? As-tu vu nos femmes faire de pareils enfants? Non, c'étaient les nobles qui en faisaient ainsi. Eh bien, moi, je suis colonel, grâce à quoi? A l'égalité. Avec l'égalité, tu peux devenir lieutenant de marine, ton fils peut devenir capitaine, ton petit-fils, amiral.

Giambardella fit un geste de doute.

— Il faudra du temps pour arriver là, dit-il.

— Bon! répondit Michele, il ne faut pas tout demander à la fois. Le bon Dieu lui-même, qui est tout-puissant, a fait le monde en sept jours. Le gouvernement d'aujourd'hui est, comme on dit, un gouvernement provisoire, ce n'est point encore la république. La constitution qui doit faire notre bonheur se discute : quand elle sera faite, nous pourrons, selon notre bien-être ou nos souffrances, établir une comparaison entre le présent et le passé. Les savants, comme le chevalier San-Felice, le docteur Cirillo, M. Salvato, savent pourquoi les saisons changent; nous autres imbéciles, nous nous apercevons seulement que nous avons chaud et froid. Nous en avons souffert bien d'autres sous le tyran, et, grâce à Dieu, nous y avons survécu : guerres, pestes, famines, sans compter les tremblements de terre. Les savants disent que nous serons heureux sous la république; ils se réunissent et travaillent à notre bien; laissons-leur le temps d'accomplir leur ouvrage.

Et il ajouta sentencieusement :

— Celui qui veut récolter vite sème des radis, et, au bout d'un mois, mange des radis; celui qui veut du pain sème du blé et attend un an. Il en est ainsi de la république : c'est le blé du peuple. Attendons patiemment qu'il pousse, et, quand il sera mûr, nous le moissonnerons.

— *Amen!* dit Giambardella fort ébranlé, sinon convaincu, par la démonstration de Michele. Mais, c'est égal, ajouta-t-il avec un soupir, tant qu'il faudra que l'homme travaille pour vivre, il ne sera point parfaitement heureux.

— Dame, fit Michele, il y a du vrai là dedans; mais, que veux-tu! il paraît que cela ne peut pas être autrement, et la preuve, c'est que voilà le vent qui tombe et que tu vas être obligé d'amener ta voile et de ramer jusqu'à Castellamare.

En effet, depuis quelques minutes, le vent mollissait et la voile battait contre le mât. Les mariniers l'abaissèrent, prirent leurs avirons et, avec un soupir, commencèrent à ramer.

Heureusement, on était arrivé à la hauteur de Torre-del-Greco, et, après trois quarts d'heure de nage, on aborda à Castellamare.

Les mariniers payés, Michele se mit en quête d'une voiture, et l'on partit pour Salerne, où l'on arriva deux heures après.

La voiture s'arrêta à l'Intendance. Là, Michel s'informa et apprit que Salvato venait de la quitter, il y avait une demi-heure à peine, et on lui dit qu'on le trouverait à l'hôtel de la *Ville*.

Le cocher reçut l'ordre d'aller à l'hôtel de la *Ville*.

Salvato était dans son appartement, et avait dit que, si quelqu'un venait de Naples, on l'introduisît à l'instant même près de lui.

Il était évident qu'il avait reçu la réponse de la lettre adressée à Luisa, et qu'il attendait Michele.

Lorsque s'ouvrit sa porte, il se leva vivement pour aller au-devant du messager; mais, en voyant entrer une femme au lieu d'un homme qu'il attendait, il jeta un cri de surprise, puis, en reconnaissant Luisa au lieu de Michele, un cri de joie.

Son premier mouvement fut de bondir vers la jeune femme, de la serrer contre son cœur et d'appuyer ses lèvres contre ses lèvres.

Ce fut autour de Luisa de pousser un cri d'étonnement et de bonheur. Elle n'avait jamais été si complétement abandonnée aux bras de son amant, et, sous la flamme de ce baiser, elle avait éprouvé une sensation de volupté telle, que cette sensation ne s'était arrêtée que sur les limites de la douleur.

Michele n'avait point dépassé le seuil de la porte, et, sans avoir été vu, il se retira sur la pointe du pied et se tint dans la chambre qui précédait celle des deux amants.

— Vous ! vous ! s'écria Salvato. Vous êtes venue vous-même !

— Oui, moi-même, mon bien-aimé Salvato ; car ni messager si habile qu'il fût, ni lettre si pressante qu'elle fût, ne pouvaient me remplacer.

— Vous avez raison, ma sœur chérie. Qui pourait, fût-ce l'ange de l'amour lui-même, remplacer votre présence bénie ? Est-ce que toutes les flammes de la terre réunies pourraient remplacer un rayon de soleil ? Mais enfin, qui me vaut un pareil bonheur ? Vous savez, chère Luisa, que je ne serai bien sûr que vous êtes là que quand je connaîtrai la cause qui vous amène.

— Ce qui m'amène, Salvato, — écoute bien ceci ! — c'est la certitude que tu ne sauras pas me refuser une prière que je te ferai à genoux, une chose à laquelle je te dirai que ma vie est attachée; c'est que tu m'accorderas ma demande sans t'informer pourquoi cette demande t'est adressée; c'est que, lorsque je te dirai : « Fais cela ! » tu le feras aveuglément, sans discussion, sans retard, à l'instant même.

— Et tu as eu raison de compter sur mon obéissance, Luisa, si tu ne me demandes rien contre mon devoir ni contre mon honneur.

— Oh ! je me doutais bien que tu allais me faire quelque objection du genre de celle-là. Contre ton devoir ! contre ton honneur ! N'as-tu pas fait ton devoir jusqu'aujourd'hui, au delà du devoir ? Ton honneur, ne l'as tu pas porté assez haut pour qu'il ne puisse recevoir aucune atteinte ? Il ne s'agit point de ton honneur, il ne s'agit point de ton devoir ; il s'agit de savoir si tu m'obéiras aveuglément dans une circonstance où il est question de ma vie.

— Ta vie ! Quel risque peut courir ta vie, je te le demande?

— Crois-tu en moi, Salvato ?

— Comme je croirais dans l'ange de la vérité.

— Eh bien, alors, fais ce que je vais te dire, sans objection et sans lutte.

— Dis.

— Demande à ton général, aujourd'hui, pour Rome, par exemple, une mission qui te fasse sortir du royaume avant vendredi soir.

Salvato regarda Luisa avec un profond étonnement.

— Que je demande une mission qui m'éloigne du royaume, c'est-à-dire qui me sépare de toi! répondit Salvato. Quel besoin as-tu donc de me voir loin de toi?

— Écoute, mon Salvato, ne te quitter jamais, t'avoir sans cesse sous les yeux, demeurer éternellement à tes côtés comme j'y suis maintenant, ce serait le vœu de mon cœur, le bonheur de ma vie; mais, que veux-tu! il y a des choses mystérieuses et absolues auxquelles il faut obéir. Crois-moi quand je te dis : nous sommes menacés d'un grand malheur, épargne-nous ce malheur en t'éloignant.

— Ce malheur qui *nous* menace, car il me semble, ma bien-aimée Luisa, que tu parles pour moi et pour toi?...

— Pour moi et pour toi, Salvato, plus pour moi encore que pour toi.

— Ce malheur qui nous menace, reprit Salvato, vient-il de la Sicile? Le chevalier San-Felice a-t-il des soupçons et rentre-t-il à Naples?

— Le chevalier n'a pas de soupçons et ne rentre point à Naples. Si le chevalier avait des soupçons et me disait le premier mot de ces soupçons, je me jetterais à ses pieds et je lui dirais : « Pardonne-moi, mon père ! un amour irrésistible, une indomptable fatalité m'a entraînée vers lui. Je l'aime plus que ma vie, puisque je l'aime plus que mon devoir. Ce malheur que, dans ta sagesse infinie, tu avais prévu, au lit de mort de mon père, ce malheur est arrivé. Pardonne-moi, pardonne-nous ! » Et il nous pardonnerait. Non : la menace est plus terrible et ne vient point de là.

— D'où vient-elle donc, alors ? Dis-le ; et, au lieu de fuir devant elle comme un enfant, on y fera face comme un homme et comme un soldat.

— Tu ne peux point y faire face, tu ne peux pas la combattre ; là est le malheur ; tu peux l'éviter, voilà tout, et en faisant aveuglément ce que je te dis.

— Chère Luisa, permets à ma raison de se révolter contre mon amour lui-même. Je ne fuirais pas un danger que je connaîtrais, à plus forte raison un danger inconnu.

— Ah ! voilà justement ce que je craignais. Le démon de l'orgueil est là qui te dit : « Résiste ! » Cependant, si j'avais la prescience d'un tremblement de terre qui dût t'engloutir, d'un orage dont la foudre pût te frapper, est-ce que, quand je te dirais : « Dérobe-toi au tremblement de terre, évite la foudre, » je te conseillerais quelque chose contre ton devoir ou contre ton honneur?

— Oui, si, placé par mon général à un poste quelconque, j'abandonnais ce poste, dans la crainte d'un danger imaginaire ou réel.

— Eh bien, Salvato, si ma prière prenait une autre forme, si je te disais : « J'ai à faire à Rome un voyage indispensable; j'ai peur de traverser seule ces implacables bandes de brigands ; demande à ton général la permission d'accompagner une sœur, une amie, » ne la demanderais-tu pas ?

— Attends que ce que j'ai à faire ici soit achevé, et, samedi matin, je te le promets, je demande un congé de huit jours au général.

— Samedi matin! C'est trop tard! c'est trop tard!... Ah! mon Dieu, inspirez-moi! Que faire, que dire pour le décider?

— Une chose bien simple, ma Luisa : transmets-moi tes craintes, apprends-moi ce qui te fait désirer mon absence, et fais-moi juge de la question; tu seras sûre alors de ne pas m'entraîner dans quelque fausse voie où s'égarerait mon honneur.

— Et voilà justement ce qui fait ma situation

fausse, voilà pourquoi tu hésites, voilà pourquoi tu doutes. C'est que, moi aussi, j'ai, quoique femme, mon honneur d'honnête homme, si je puis dire cela ; c'est que j'ai reçu une confidence, c'est que j'ai promis, c'est que j'ai juré, c'est que j'ai fait un serment à moi-même de ne pas dire le nom de celui qui me l'a faite; car sa confiance en moi a été telle, que, tout en mettant sa vie entre mes mains, il ne m'a demandé aucune garantie.

— Et comment ne m'as-tu rien dit de cela hier au soir?

— Hier au soir, je n'en savais rien.

— Alors, dit Salvato en regardant fixement Luisa, c'est le jeune homme qui t'attendait chez toi et qui n'est sorti de chez toi qu'à trois heures du matin, qui est venu te faire cette confidence que tu ne peux révéler.

Luisa pâlit.

— Qui t'a dit cela, Salvato? demanda-t-elle.

— C'est donc vrai?

— Oui, c'est vrai. Mais est-il possible, mon bien-aimé Salvato, qu'après l'avoir quittée, tu aies eu l'idée d'épier ta Luisa?

— Moi, t'épier, faire le rôle de jaloux autour d'un ange? Dieu me garde, je ne dirai pas d'une pareille folie, mais d'une pareille lâcheté! Ma Luisa peut recevoir qui elle voudra, à quelque heure que ce soit, sans que jamais, de ma part du moins, un soupçon ternisse le pur miroir de sa chasteté. Non, je n'ai point cherché à voir; non, je n'ai point vu. J'ai reçu cette lettre un quart d'heure avant ton arrivée, par un des messagers que j'avais laissés pour m'apporter ma correspondance; je la lisais quand tu es entrée, et je me demandais quelle âme abjecte pouvait vouloir semer entre toi et moi la plante amère du doute.

— Une lettre? demanda Luisa; tu as reçu une lettre?

— La voici; tiens, lis.

Et Salvato, en effet, présenta à Luisa une lettre visiblement écrite par un de ces hommes qui prêtent leur plume à l'amour comme à la haine et que vont chercher, pour leurs sombres projets, les dénonciateurs anonymes.

Luisa lut la lettre; elle était conçue en ces termes :

« M. Salvato Palmieri est prévenu que madame Luisa San-Felice a trouvé chez elle, en rentrant de chez la duchesse Fusco, un homme jeune, beau et riche, avec lequel elle est restée enfermée jusqu'à trois heures du matin.

» Cette lettre est d'un ami, désespéré de voir M. Salvato Palmieri si mal placer son cœur. »

Luisa vit, comme à la lueur d'un éclair, Giovannina écrivant dans sa chambre et se levant pour lui cacher ce qu'elle écrivait. Mais l'idée que cette jeune fille qui lui devait tant pouvait la trahir s'écarta rapidement, et d'elle-même, de son esprit.

— Il n'y a pas dans cette lettre un mot qui ne soit vrai, mon ami; par bonheur, soit que celui ou celle qui l'a écrite ne sache pas le nom de l'homme que j'ai reçu, soit qu'elle n'ait pas voulu le dire, Dieu a permis que ce nom ne s'y trouvât point.

— Et pourquoi, chère Luisa, est-ce une permission de Dieu?

— Parce que, s'il s'y trouvait, j'étais, aux yeux de ce malheureux qui a risqué sa tête pour moi, une femme sans foi, sans honneur, une dénonciatrice enfin.

— Tu dis vrai, Luisa, répliqua Salvato devenu plus sombre; car, s'il y était, je me trouvais, d'après ce que je devine maintenant, obligé de tout dire au général.

— Et que devines-tu?

— Que cet homme, pour un motif quelconque que je ne cherche point à approfondir, est venu te révéler quelque conspiration qui menace ma vie, celle de mes compagnons, la sûreté du nouveau gouvernement, et que voilà pourquoi, dans ton irréflexion dévouée, tu voulais m'éloigner, me faire passer la frontière, me mettre hors de l'atteinte des conspirateurs ; voilà pourquoi tu ne voulais pas me révéler le danger que je devais fuir, parce qu'un tel danger, je ne le fuirais pas.

— Eh bien, tu as deviné juste, mon bien-aimé, et je vais tout te dire, excepté le nom de celui qui m'a avertie ; et alors, toi, l'homme d'honneur, l'esprit juste, le cœur loyal, tu me conseilleras.

— Dis, ma bien-aimée Luisa, dis ; je t'écoute. Oh ! si tu savais combien je t'aime ! Parle, parle ! Contre moi, contre ma poitrine, sur mon cœur !

La jeune femme resta un instant la tête renversée, les yeux fermés, la bouche entr'ouverte, aux bras du jeune homme ; puis, comme s'arrachant à un rêve délicieux :

— Oh ! mon ami, dit-elle, pourquoi ne nous est-il point donné de vivre ainsi, loin des troubles politiques, loin des révolutions, loin des conspirateurs ! Quelles délices ce serait, une pareille vie ! Dieu ne le veut pas ; soumettons-nous à Dieu !

Luisa poussa un soupir et passa sa main sur ses yeux ; puis :

— C'est ce que tu as dit, mon ami, continua-t-elle. Oh ! pourquoi cet homme m'a-t-il fait cette confidence? Ne valait-il pas mieux que nous mourussions ensemble?

— Explique-toi, ma bien-aimée.

— Une conspiration contre-révolutionnaire doit éclater dans la nuit de jeudi à vendredi : tous les Français, tous les patriotes dont les maisons seront marquées dans la soirée, doivent être massacrés pendant la nuit, à l'exception de ceux qui pourront présenter cette carte et faire ce signe de reconnaissance.

Et Luisa montra à Salvato la carte fleurdelisée et fit le signe indiqué par André Backer.

— Une carte avec une fleur de lis, répéta Salvato, se mordre la première phalange du pouce. (Tels étaient, on s'en souvient, les signes de salut.) Les malheureux! qu'on veut arracher à l'esclavage et qui veulent être esclaves à tout prix!

— Eh bien, maintenant que je t'ai tout raconté, dit Luisa se laissant glisser aux genoux du jeune homme, que faut-il faire? Réfléchis et conseille-moi.

— Il est inutile de réfléchir, ma Luisa bien-aimée. Il faut répondre à la loyauté par la loyauté. Cet homme a voulu te sauver.

— Et toi aussi; car il sait tout, ta blessure, les soins que j'ai pris de toi, ton séjour de six semaines chez la duchesse; il sait notre mutuel amour, et il m'a dit : « Sauvez-le avec vous. »

— Raison de plus, comme je te le disais, pour répondre à la loyauté par la loyauté. Cet homme a voulu nous sauver : sauvons-le.

— Comment cela?

— En lui disant : « Votre complot est découvert; le général Championnet est prévenu; où vous croyez trouver un massacre facile, vous trouverez une résistance désespérée; vous allez inutilement faire couler le sang dans les rues de Naples. Renoncez à votre complot, et gagnez l'étranger; le conseil que vous m'avez donné, suivez-le.

— C'est l'honneur lui-même qui parle par ta voix, mon Salvato; ce que tu me dis de faire, je le ferai. Mais écoute donc...

— Quoi?

— Il m'a semblé entendre du bruit dans cette chambre, on a fermé une porte. Nous écoutait-on? sommes-nous épiés?

Salvato s'élança : la chambre était vide.

— Nul n'était dans cette chambre que Michele, dit-il; vois-tu un malheur à ce que Michele nous ait entendus?

— Non, car il ignore le nom de la personne qui est venue chez moi. Sans cela, mon cher Salvato, ajouta Luisa en riant, tu en as fait un tel patriote, qu'il serait capable d'aller tout courant le dénoncer.

— Eh bien, dit Salvato, tout est convenu ainsi, et ta conscience est en repos, n'est-ce pas?

— Tu m'assures que nous avons agi selon toutes les lois de la loyauté?

— Je te le jure.

— Tu es bon juge en matière d'honneur, Salvato, et je te crois. A mon retour à Naples, je préviendrai le chef des conjurés. Son nom n'est point sorti de ma bouche, même vis-à-vis de toi. Il ne peut donc être compromis en rien; ou, s'il l'est, ce sera en dehors de ma volonté. Ne pensons plus qu'à nous, au bonheur d'être ensemble. Tout à l'heure, je maudissais les troubles politiques, les révolutions, les conspirateurs... j'étais folle. Sans les troubles politiques, tu n'eusses point été envoyé à Naples par ton général; sans les révolutions, je ne t'eusse pas connu; sans les conspirateurs, je ne serais pas à cette heure près de toi. Bénies soient les choses que Dieu fait : elles sont bien faites.

Et la jeune femme, toute joyeuse, toute consolée, toute souriante, se jeta dans les bras de son amant.

XXXV

MICHELE LE SAGE

Qui donc a dit — auteur sacré ou profane, je ne sais plus qui et n'ai point le temps de chercher, — qui donc a dit : « L'amour est puissant comme la mort? »

Ceci, qui a l'air d'une pensée, n'est qu'un fait, et un fait inexact.

César dit, dans Shakspeare, ou plutôt Shakspeare fait dire à César : « Le danger et moi sommes deux lions nés le même jour, et je suis l'aîné. »

L'amour et la mort aussi sont nés le même jour, le jour de la création ; seulement, l'amour est l'aîné.

On a aimé avant que de mourir.

Lorsque Ève, à la vue d'Abel tué par Caïn, tordit ses bras maternels et s'écria : « Malheur ! malheur ! malheur ! la mort est entrée dans le monde ! » la mort n'y était entrée qu'après l'amour, puisque ce fils que la mort venait d'enlever au monde était le fils de son amour.

Il est donc imparfait de dire : « L'amour est puissant comme la mort ; » il faut dire : « L'amour est plus puissant que la mort, » puisque tous les jours l'amour combat et terrasse la mort.

Cinq minutes après que Luisa eut dit : « Bénies soient les choses que Dieu fait : elles sont bien faites ! » Luisa avait tout oublié, jusqu'à la cause qui l'avait amenée près de Salvato ; elle savait seulement qu'elle était près de Salvato, et que Salvato était près d'elle.

Il fut convenu entre les jeunes gens qu'ils ne se quitteraient que le soir ; que, le soir même, Luisa verrait le chef de la conspiration, et que, le lendemain, quand il aurait eu le temps de donner contre-ordre et de se mettre en sûreté, lui et ses complices, Salvato dirait tout au général, qui s'entendrait avec le pouvoir civil pour prendre les mesures nécessaires à l'avortement du complot, en supposant que, malgré l'avis de la San-Felice, les insurgés s'obstinassent dans leur entreprise.

Puis, ce point arrêté, les deux beaux jeunes gens furent tout à leur amour.

Être tout à l'amour, quand on est bien réellement amoureux, c'est emprunter les ailes des colombes ou des anges, s'envoler bien loin de la terre, se reposer sur quelque nuage de pourpre, sur quelque rayon de soleil, se regarder, se sourire, parler bas, voir l'Éden sous ses pieds, le paradis sur sa tête, et, dans l'intervalle de ces deux mots magiques, mille fois répétés : « Je t'aime! » entendre les chœurs célestes.

La journée passa comme un rêve. Fatigués du bruit de la rue, à l'étroit entre les quatre murs d'une chambre, aspirant à l'air, à la liberté, à la solitude, ils se jetèrent dans la campagne, qui, dans les provinces napolitaines, commence à revivre à la fin de janvier. Mais, là, aux environs de la ville, on rencontrait un importun à chaque pas. L'un des deux dit en souriant : « Un désert! » L'autre répondit : « Pœstum! »

Une calèche passait : Salvato appela le cocher, les deux amants y montèrent; le but du voyage fut indiqué, les chevaux partirent comme le vent.

Ni l'un ni l'autre ne connaissaient Pœstum. Salvato avait quitté l'Italie méridionale avant, pour ainsi dire, que ses yeux fussent ouverts, et, quoique le chevalier eût vint fois parlé de Pœstum à Luisa, il n'avait jamais voulu l'y conduire, de peur de la mal'aria.

Eux n'y avaient pas même songé. L'un d'eux, au lieu de Pœstum, eût nommé les marais Pontins, que l'autre eût répété : « Les marais Pontins. » Est-ce que la fièvre pourrait, dans un pareil moment, avoir prise sur eux ! Le bonheur n'est-il point le plus efficace des antidotes ?

Luisa n'avait rien à apprendre sur les localités que l'on traverse en contournant ce golfe magnifique qui, avant que Salerne existât, s'appelait le golfe de Pœstum. Et cependant, comme une curieuse et ignorante élève en archéologie, elle laissait parler Salvato parce qu'elle aimait à l'entendre. Elle savait d'avance tout ce qu'il allait dire, et cependant il semblait qu'elle entendît pour la première fois tout ce qu'il disait.

Mais ce qu'aucun écrit n'avait pu faire comprendre ni à l'un ni à l'autre, c'est la majesté du paysage, c'est la grandeur des lignes qui se déroulèrent à leurs yeux quand, à l'un des détours de la route, ils aperçurent tout à coup les trois temples se détachant, avec leur chaude couleur feuille morte, sur l'azur foncé de la mer. C'était bien là ce qui devait rester de la rigide architecture de ces tribus helléniques, nées au pied de l'Ossa et de l'Olympe, qui, au retour d'une expédition infructueuse dans le Péloponèse, où les avait conduites Hyllus, fils d'Hercule, trouvèrent leurs pays envahi par les Perrhèbes; et qui, ayant abandonné les riches plaines du Pénée aux Lapythes et aux Ioniens, s'établirent dans la Dryopide, laquelle, dès lors, prit le nom de Doride, et, cent ans après la guerre de Troie, enlevèrent aux Pélasges, qu'ils poursuivirent jusqu'en Attique, Messène et Tyrenthe, célèbres encore aujourd'hui par leurs ruines titaniques ; l'Argolide, où ils trouvèrent le tombeau d'Agamemnon ; la Laconie, dont ils réduisirent les habitants à l'état d'ilotes, et où ils firent de Sparte la vivante représentation de leur grave et sombre génie, dont Lycurgue fut l'interprète. Pendant six siècles, la civilisation fut arrêtée par ces conquérants, hostiles ou indifférents à l'industrie, aux lettres et aux arts, et qui, lorsque, dans leurs guerres de Messénie, ils eurent besoin d'un poëte, empruntèrent Tyrtée aux Athéniens.

Comment purent-ils vivre dans ces molles plaines de Pœstum, ces rudes fils de l'Olympe et de l'Ossa, au milieu de la civilisation de la Grande Grèce, où les brises du sud leur apportaient les parfums de Sybaris, et le vent du nord, les émanations de Baïa ? Aussi, au milieu de leurs champs de rosiers, qui fleurissaient deux fois l'an, élevèrent-ils, comme une protestation contre ce doux climat, contre cette civilisation élégante, tout imprégnée du souffle ionien, ces trois terribles temples de granit, qui, sous Auguste, déjà en ruine, sont aujourd'hui encore ce qu'ils étaient du temps d'Auguste, et voulurent-ils laisser à l'avenir ce lourd spécimen de leur art, puissant comme tout ce qui est primitif.

Aujourd'hui, rien ne reste des conquérants de Sparte que ces trois squelettes de granit, où, entourée de miasmes mortels, règne la fièvre, et cette enceinte de murailles tracée par un inflexible cordeau et dont on peut suivre en une heure, par les bossellements du terrain, le quadrilatère exigu. Ces quelques fantômes errants, dévorés par la mal'aria, qui regardent le voyageur d'un œil cave et curieux ne sont, certes, pas plus leurs descendants que ces herbes insalubres ou vénéneuses qui poussent dans des marais fétides ne sont les rejetons de ces rosiers dont les voyageurs qui venaient de Syracuse à Naples voyaient de loin la terre couverte et sentaient en passant les parfums.

A cette époque où l'archéologie était inculte et où la couleuvre frileuse rampait seule dans les ruines solitaires, il n'y avait pas, comme aujourd'hui, un chemin pour conduire à ces temples; il fallait traverser ces herbes gigantesques sans savoir sur quel reptile on risquait de mettre le pied. Luisa, au moment d'entrer dans ces jungles putrides, sembla hésiter; mais Salvato la prit dans ses bras comme il eût fait d'un enfant, la souleva au-dessus de la fauve et aride moisson, et ne la déposa que sur les degrés du plus grand des temples.

Laissons-les à cette solitude qu'ils étaient venus chercher si loin, à cet amour profond et mystérieux qu'ils essayaient de cacher à tous les regards et qu'une plume jalouse avait dénoncé à un rival, et voyons quelle avait été la cause de ce bruit que les deux amants avaient entendu dans la chambre contiguë, qui les avait un instant d'autant plus inquiétés qu'ils en avaient vainement cherché la cause.

Michele, on se le rappelle, avait suivi Luisa et ne s'était arrêté que sur le seuil de l'appartement de Salvato, au moment où le jeune officier s'était élancé au-devant de Luisa et l'avait pressée contre son cœur. Alors, il s'était discrètement retiré en arrière, quoiqu'il n'eût rien de nouveau à apprendre sur le sentiment que se portaient l'un à l'autre les deux amants, et s'était assis, sentinelle attentive, près de la porte, attendant les ordres ou de sa sœur de lait ou de son chef de brigade.

Luisa avait oublié que Michele fût là. Salvato, qui savait pouvoir compter sur sa discrétion, ne s'en inquiétait point, et la jeune femme, on s'en souvient, après avoir commencé par des instances pour faire fuir sans explication son amant, avait fini par lui tout avouer, hors le nom du chef de la conspiration.

Mais le nom du chef de la conspiration, Michele le savait.

Le chef de la conspiration, Luisa l'avouait elle-même à Salvato, c'était le jeune homme qui l'avait attendue jusqu'à deux heures du matin, qui n'était sorti de chez elle qu'à trois, et Giovannina avait dit à Michele, répondant à cette question du jeune lazzarone : « Qu'a donc Luisa, ce matin ? Est-ce que, depuis que je suis devenu raisonnable, elle deviendrait folle, par hasard ? » Giovannina avait dit, ne comprenant pas la terrible importance de sa réponse : « Je ne sais ; mais elle est ainsi depuis la visite que lui a faite, cette nuit, M. André Backer. »

Donc, c'était M. André Backer, le banquier du roi, ce beau jeune homme si follement épris de Luisa, qui était le chef de la conspiration.

Maintenant, quel était le but de cette conspiration ?

D'égorger dans une nuit les six ou huit mille Français qui occupaient Naples, et, avec eux, tous leurs partisans.

Michele, à ce projet de nouvelles Vêpres siciliennes, s'était senti frémir dans son beau costume.

Il était un partisan des Français, lui, et un des plus chauds : il serait donc égorgé un des premiers, ou plutôt pendu, puisqu'il devait être colonel et pendu, et qu'il était déjà colonel.

Si la prédiction de Nanno devait se réaliser, Michele tenait au moins à ce que ce fût le plus tard possible.

Le délai qui lui était donné du jeudi matin à la nuit du vendredi ne lui paraissait point assez long.

Il lui sembla donc qu'en vertu de ce proverbe : « Il vaut mieux tuer le diable que le diable ne nous tue, » il n'avait pas de temps à perdre pour se mettre en défense contre le diable.

Cela lui était d'autant plus facile, que sa conscience, à lui, n'était nullement agitée par les doutes qui bouleversaient celle de sa sœur de lait. On ne lui avait fait aucune confidence, il n'avait fait aucun serment.

La conspiration, il l'avait surprise en écoutant à la porte, comme le rémouleur, celle de Catilina ; et encore, il n'avait pas écouté, il avait entendu, voilà tout.

Le nom du chef du complot, il le devinait parce que Giovannina le lui avait dit sans lui recommander le moins du monde le secret.

Il lui parut que c'était en laissant s'accomplir les projets réactionnaires de MM. Simon et André Backer qu'il mériterait véritablement le nom de fou, qu'on lui avait, à son avis, donné un peu légèrement, et qu'au contraire, devant les contemporains et la postérité, il mériterait, ni plus ni moins que Thalès et Solon, le nom de sage si, empêchant la contre-révolution d'avoir lieu, au prix de la vie de deux hommes, il sauvait celle de vingt-cinq ou trente mille.

Il était donc, sans perdre de temps, sorti de la chambre contiguë à celle où se tenaient les deux amants, et, en sortant, avait refermé la porte derrière lui, de manière que personne ne pût entrer sans être entendu.

C'était le bruit de cette porte qui avait inquiété Luisa et Salvato, lesquels eussent été bien plus inquiets encore si, sachant que c'était Michele le Fou qui l'ouvrait, ils eussent su dans quel but la fermait Michele le Sage.

XXXVI

LES SCRUPULES DE MICHELE

Michele, en sortant de l'hôtel de la *Ville*, se jeta dans un calessino, au cocher duquel il promit un ducat si dans trois quarts d'heure il était à Castellamare.

Le cocher partit au galop.

J'ai raconté, il y a longtemps, l'histoire de ces malheureux chevaux-spectres qui n'ont que le souffle et qui vont comme le vent.

En quarante minutes, celui qui conduisait Michele eut franchi l'espace qui sépare Salerne de Castellamare.

Michele avait d'abord eu l'idée, en arrivant sur le pont et en voyant Giambardella orienter sa voile pour profiter d'une saute de vent qui avait eu lieu, de remonter à bord de la barque et de revenir à Naples avec lui. Mais le vent, qui était tombé une fois, pouvait tomber encore, ou, ayant sauté une première fois du sud-est au nord-est, sauter une seconde sur quelque autre point du compas, où il deviendrait tout à fait contraire, et où il faudrait recourir à la rame. Tout cela était excellent pour un fou, mais véritablement trop chanceux pour un sage.

Il résolut dont de s'arrêter à la locomotion terrestre, et, pour aller plus vite, de diviser sa route en deux relais : un premier, de Castellamare à Portici; un second, de Portici à Naples.

De cette façon, et moyennant un ducat par chaque

relais, il pouvait être en moins de deux heures au palais d'Angri.

Nous disons au palais d'Angri, parce que c'était d'abord avec le général Championnet que Michele désirait conférer.

Car Michele, tout en allant au galop de son cheval, et tout en se grattant désespérément la tête, comme on herse une terre, pour y faire germer des idées, Michele sentait s'éveiller dans son esprit toute sorte de scrupules.

C'était un honnête garçon et un cœur loyal que Michele, et, au bout du compte, il se faisait dénonciateur.

Oui ; mais, en se faisant dénonciateur, il sauvait la République.

Il était donc à peu près, et même tout à fait, décidé à dénoncer le complot ; il n'hésitait plus que sur la façon de le dénoncer.

Or, en allant trouver le général Championnet, et en le consultant comme il ferait d'un confesseur sur un cas de conscience, il s'éclairerait de l'avis d'un homme qui, aux yeux de ses ennemis mêmes, passait pour un modèle de loyauté.

Voilà pourquoi nous avons dit qu'en moins de deux heures, il pouvait être au palais d'Angri, au lieu de dire qu'en moins de deux heures, il pouvait être au ministère de la police.

Et, en effet, grâce au relais de Portici, grâce au ducat français donné à chaque relais, une heure cinquante minutes après être parti de Castellamare, Michele mettait le pied sur la première marche de l'escalier du palais d'Angri.

Le lazzarone s'était informé si le général Championnet était chez lui, et avait reçu du factionnaire une réponse affirmative.

Mais, dans l'antichambre, le planton lui dit que le général ne pouvait recevoir, étant fort occupé avec les architectes qui avaient fait les projets du tombeau de Virgile.

Il répondit qu'il arrivait pour une chose bien autrement importante que le tombeau de Virgile, et qu'il fallait, sous peine des plus grands malheurs, qu'il parlât à l'instant même au général.

Tout le monde connaissait Michele le Fou ; tout le monde savait comment, grâce à Salvato, il avait échappé à la mort; comment le général l'avait fait colonel, et quel service il avait rendu en conduisant saine et sauve une garde d'honneur à saint Janvier; on savait le général très-accessible : on lui transmit donc la demande du colonel improvisé.

Il entrait dans les habitudes du général en chef de

l'armée de Naples de ne négliger aucun avis.

Il s'excusa donc près des architectes, qu'il laissa au salon, en leur promettant de revenir aussitôt qu'il serait débarrassé de Michele; ce qui probablement ne serait pas long.

Puis il passa dans son cabinet et ordonna qu'on y introduisît Michele.

Michele se présenta et salua militairement; mais, malgré cet aplomb apparent et ce salut militaire, le pauvre garçon, qui n'avait jamais eu de prétention comme orateur, paraissait fort embarrassé.

Championnet devina cet embarras, et, avec sa bonté ordinaire, résolut de venir à son aide.

— Ah! c'est toi, *ragazzo*, dit-il en patois napolitain. Tu sais que je suis content de toi; tu te conduis à merveille et tu prêches comme don Michelangelo Ciccone.

Michele fut tout réconforté en entendant si bien parler son patois et en écoutant un homme comme Championnet faire un si bel éloge de lui.

— Mon général, répondit-il, je suis fier et heureux que vous soyez content de moi; mais ce n'est point assez.

— Comment, ce n'est point assez?

— Non; il faut encore que j'en sois content moi-même.

—Oh ! diable, mon pauvre ami, tu es bien exigeant. Être content de soi-même, c'est la béatitude morale sur la terre. Quel est l'homme qui, interrogeant sévèrement sa conscience, sera content de lui-même ?

— Moi, mon général, si vous voulez vous donner la peine d'éclairer et de diriger ma conscience.

— Mon cher ami, dit Championnet en riant, je crois que tu te trompes de porte ; tu as cru entrer chez monseigneur Capece Zurlo, archevêque de Naples, et tu es entré chez Jean-Étienne Championnet, général en chef de l'armée française.

— Oh ! non pas, mon général, répondit Michele ; je sais bien chez qui je suis entré : chez le plus honnête, le plus brave et le plus loyal soldat de l'armée qu'il commande.

— Oh ! oh ! de la flatterie : tu as donc une grâce à me demander ?

— Non pas ; au contraire, j'ai un service à vous rendre.

— A me rendre ?

— Oui, et un solide !

— A moi ?

— A vous, à l'armée française, au pays... Seulement, il faut que je sache si je puis vous rendre ce service et rester honnête homme, et si, le service rendu, vous me donnerez encore la main comme vous venez de me la donner tout à l'heure.

— Il me semble que tu as sur ce point un meilleur guide que moi, ta conscience.

— Justement, c'est ma conscience qui ne sait pas parfaitement à quoi s'en tenir.

— Tu connais le proverbe, dit le général, qui oubliait ses architectes et s'amusait de la conversation du lazzarone : « Dans le doute, abstiens-toi. »

— Et, si je m'abstiens, et que, m'étant abstenu, il arrive de grands malheurs?

— Ainsi, comme tu le disais tout à l'heure, tu doutes?

— Oui, mon général, je doute, reprit Michele, et je crains de m'abstenir. C'est un singulier pays que le nôtre, voyez-vous, mon général, dans lequel par malheur, grâce à l'influence de nos souverains, il n'y a plus de sens moral ni de conscience publique. Vous n'entendrez jamais dire : « Monsieur tel est un honnête homme, » ou : « Monsieur tel est un coquin; » vous entendrez dire: « Monsieur tel est riche, » ou: « Monsieur tel est pauvre. » S'il est riche, cela suffit : c'est un honnête homme; s'il est pauvre, il est jugé : c'est une canaille. Vous avez envie de tuer quelqu'un, vous allez trouver un prêtre et vous lui dites : « Mon père, est-ce un crime d'ôter la vie à son prochain? « Le prêtre vous répond : « C'est selon, mon fils. Si ton prochain est un jacobin, tue en toute sûreté de conscience ; mais, si c'est un royaliste, garde-t'en bien ! » Autant tuer un jacobin est une œuvre méritoire aux yeux de la religion, autant tuer un royaliste est un crime abominable aux yeux du Seigneur. « Espionnez, dénoncez, nous disait la reine ; je donnerai de si grandes faveurs aux espions, je récompenserai si bien les délateurs, que les premiers du royaume se feront dénonciateurs et espions. » Eh bien, mon général, que voulez-vous que nous devenions, nous, quand nous entendons dire par la voix générale : « Tout riche est un honnête homme, tout pauvre est un coquin ; » quand nous entendons dire par la religion : « Il est bon de tuer les jacobins ; mais il est mauvais de tuer les royalistes ; » enfin, quand nous entendons dire par la royauté : « L'espionnage est un mérite, la délation est une vertu ? » Nous n'avons qu'une chose à faire : c'est de venir à un étranger et de lui dire : Vous avez été élevé dans d'autres principes que les nôtres ; que pensez-vous qu'un honnête homme doive faire dans telle circonstance ?

— Voyons la circonstance, demanda le général étonné.

— Elle est grave, mon général. Ainsi, supposer

que, sans vouloir l'entendre, j'aie entendu dans tous ses détails le récit d'un complot, que ce complot menace d'assassinat trente mille personnes à Naples, quelles que soient les personnes menacées, patriotes ou royalistes, que dois-je faire?

— Empêcher le complot d'avoir lieu, c'est incontestable, et, en le faisant avorter, sauver la vie à trente mille personnes.

— Même quand ce complot menacerait nos ennemis?

— Surtout si ce complot menaçait nos ennemis!

— Si vous pensez ainsi, mon général, comment faites-vous la guerre?

— Je fais la guerre pour combattre au grand jour et non pour assassiner la nuit. Combattre est glorieux; assassiner est lâche.

— Mais je ne puis faire avorter le complot qu'en le dénonçant.

— Dénonce-le.

— Mais, alors, je suis...

— Quoi?

— Un délateur.

— Un délateur est celui qui révèle le secret qui lui a été confié et qui, dans l'espoir d'une récompense, trahit ses complices. Les hommes qui conspiraient étaient-ils tes complices?

— Non, mon général.

— Les dénonces-tu dans l'espoir d'une récompense?

— Non, mon général.

— Alors, tu n'es point un délateur; tu es un honnête homme qui, ne voulant point que le mal ait lieu, coupe le mal dans sa racine.

— Mais, si, au lieu de menacer les royalistes, ce complot vous menaçait, vous, mon général, menaçait les soldats français, menaçait les patriotes, que devrais-je faire?

— Je t'ai indiqué ton devoir à l'égard de nos ennemis : ma morale sera la même à l'endroit de nos amis. En sauvant les ennemis, tu eusses bien mérité de l'humanité; en sauvant les amis, tu auras bien mérité de la patrie.

— Et vous continuerez de me donner la main?

— Je te la donne.

— Eh bien, attendez, mon général, je vais vous dire une partie de la chose, et je laisserai une autre personne vous dire le reste.

— Je t'écoute.

— Pendant la nuit de vendredi à samedi, une conspiration doit éclater. Les dix mille déserteurs de Mack et de Naselli, réunis à vingt mille lazzaroni, doivent égorger tous les Français et tous les patriotes; des croix seront faites, dans la soirée, sur les portes des maisons condamnées, et, à minuit, la boucherie commencera.

— Tu es sûr de cela?

— Comme de mon existence, mon général.

— Mais, enfin, les meurtriers risquent d'assassiner les royalistes en même temps que les jacobins?

— Non; car les royalistes n'auront qu'à montrer une carte de sûreté et à faire un signe, ils seront épargnés.

— Sais-tu ce signe? connais-tu cette carte de sûreté?

— La carte de sûreté représente une fleur de lis; le signe consiste à se mordre la première phalange du pouce.

— Et comment peux-tu empêcher le complot d'avoir lieu?

— En faisant arrêter les chefs.

— Connais-tu les chefs?

— Oui.

— Quels sont leurs noms?

— Ah! voilà...

— Que veux-tu dire par ce mot *Voilà?*

— Je veux dire que voilà où le doute non-seulement commence, mais redouble.

— Ah! ah!

— Que fera-t-on aux chefs du complot?

— Leur procès.

— Et, s'ils sont coupables?...

— Ils seront condamnés.

— A quoi?

— A mort.

— Eh bien, à tort ou à raison, ma conscience crie. On m'appelle Michele le Fou; mais jamais je n'ai fait de mal ni à un homme, ni à un chien, ni à un chat, pas même à un oiseau. Je voudrais ne pas être cause de la mort d'un homme. Je voudrais que l'on continuât de m'appeler Michele le Fou; mais je voudrais bien qu'on ne m'appelât jamais ni *Michele le dénonciateur*, ni *Michele le traître*, ni *Michele l'homicide*.

Championnet regarda le lazzarone avec une espèce de respect.

— Et, si je te baptise Michele l'honnête homme, te contenteras-tu de ce titre?

— C'est-à-dire que je n'en demanderai jamais d'autre, et que j'oublierai mon premier parrain pour ne me souvenir que du second.

— Eh bien, au nom de la république française et de la république napolitaine, je te baptise du nom de Michele l'honnête homme.

Michele saisit la main du général pour la lui baiser.

— Oublies-tu, lui dit Championnet, que j'ai aboli le baisemain entre hommes?

— Que faire, alors? dit Michele en se grattant l'oreille. Je voudrais cependant bien vous dire combien je vous suis reconnaissant.

— Embrasse-moi! dit Championnet en lui ouvrant ses bras.

Michele embrassa le général en sanglotant de joie.

— Maintenant, lui dit le général, parlons raison, *ragazzo*.

— Je ne demande pas mieux, mon général.

— Tu connais les chefs du complot?

— Oui, mon général.

— Eh bien, suppose un instant ici que la révélation vienne d'un autre.

— Bien.

— Que cet autre m'ait dit : « Faites arrêter Michele : il sait le nom des chefs du complot. »

— Bien.

— Que je t'aie fait arrêter.

— Très-bien.

— Et que je dise : « Michele, tu sais le nom des chefs du complot, tu vas me les nommer, ou je vais te faire fusiller. » Que ferais-tu?

— Je vous dirais : « Faites-moi fusiller, mon général ; j'aime mieux mourir que de causer la mort d'un homme. »

— Parce que tu aurais l'espoir que je ne te ferais pas fusiller?

— Parce que j'aurais l'espoir que la Providence, qui m'a déjà sauvé une fois, me sauverait une seconde.

— Diable ! voilà qui devient embarrassant, fit Championnet en riant. Je ne puis cependant pas te faire fusiller pour voir si tu dis la vérité.

Michele réfléchit un instant.

— Il est donc bien nécessaire que vous connaissiez le chef ou les chefs du complot?

— Absolument nécessaire. Ne sais tu pas qu'on ne guérit du ver solitaire qu'en lui arrachant la tête?

— Pouvez-vous me promettre qu'ils ne seront pas fusillés?

— Tant que je serai à Naples, oui.

— Mais, si vous quittez Naples?...

— Je ne réponds plus de rien.

— *Madonna!* que faire?

— Cherche!... Ne vois-tu aucun moyen pour nous tirer tous deux d'embarras.

— Si, mon général, j'en vois un !

— Dis-le.

— Et tant que vous serez à Naples, personne ne sera mis à mort à cause du complot que je vous aurai découvert?

— Personne.

— Eh bien, il y a une autre personne que moi qui connaît le nom des chefs du complot; seulement, cette personne-là ne sait point qu'il y ait un complot.

— Quelle est-elle?

— C'est la femme de chambre de ma sœur de lait, la chevalière San-Felice.

— Et comment appelles-tu cette femme de chambre?

— Giovannina.

— Où demeure-t-elle?

— A Mergellina, maison du Palmier.

— Et comment saurons-nous quelque chose par elle, si elle ne connaît pas le complot?

— Vous la ferez comparaître devant le chef de la police, le citoyen Nicolas Fasulo, et le citoyen Fasulo la menacera de la prison si elle ne dit point quelle est la personne qui a attendu sa maîtresse, la nuit passée, chez elle, jusqu'à deux heures du matin, et qui n'est sortie de chez elle qu'à trois.

— Et la personne qu'elle nommera sera le chef du complot?

— Surtout si son prénom commence par la lettre A, et son nom par la lettre B. Et maintenant, mon général, foi de Michele l'honnête homme, je vous ai dit, non pas tout ce que j'ai à vous dire, mais tout ce que je vous dirai.

— Et tu ne me demandes rien pour les services que tu rends à Naples?

— Je demande que vous n'oubliiez jamais que vous êtes mon parrain.

Et, baisant de force cette fois la main que le général lui tendait, Michele s'élança hors de l'appartement, laissant, d'après les renseignements donnés par lui, le général libre de faire tout ce qui lui conviendrait.

XXXVII

L'ARRESTATION

Il était deux heures de l'après-midi au moment où Michele sortit de chez le général Championnet.

Il sauta dans le premier corricolo venu, et, par le même procédé qu'il était arrivé, en changeant de véhicule à Portici et à Castellamare, il se trouva à Salerne un peu avant cinq heures.

A cent pas de l'auberge, il descendit, régla ses comptes avec son dernier cocher et rentra à pied à l'hôtel, sans faire plus de bruit que, s'il venait de faire une promenade à Eboli ou à Montalta.

Luisa n'était pas encore de retour.

A six heures, on entendit le bruit d'une voiture; Michele courut à la porte : c'étaient sa sœur de lait et Salvato qui revenaient de Pœstum.

Michele ne connaissait pas Pœstum; mais, en admirant le visage rayonnant des deux jeunes gens, il dut penser qu'il y avait de bien belles choses à voir à Pœstum.

Et, en effet, il semblait que Luisa eût la tête ceinte d'une auréole de bonheur et Salvato d'un rayon d'orgueil.

Luisa était plus belle, Salvato était plus grand.

Quelque chose d'inconnu, et de visible cependant, s'était complété dans la beauté de Luisa. Il y avait en elle cette différence qu'il dut y avoir entre Galathée statue, et Galathée femme.

Supposez la Vénus pudique entrant dans l'Éden et, sous le souffle de l'ange de l'amour, devenant l'Ève de la Genèse.

C'était sur ses joues la blancheur du lis avec la

teinte et le velouté de la pêche ; c'était dans ses yeux la dernière lueur de la virginité se mêlant aux premières flammes de l'amour.

Sa tête, renversée en arrière, semblait n'avoir point la force de porter le poids de son bonheur ; ses narines, dilatées, cherchaient à aspirer dans l'air des parfums nouveaux et jusque-là ignorés ; sa bouche, entr'ouverte, laissait passer un souffle haletant et voluptueux.

Michele, en la voyant, ne put s'empêcher de lui dire :

— Qu'as-tu donc, petite sœur ? Oh ! comme tu es belle !

Luisa sourit, regarda Salvato et tendit la main à Michele.

Elle semblait lui dire :

— Je dois ma beauté à celui à qui je dois mon bonheur.

Puis, d'une voix douce et caressante comme un chant d'oiseau :

— Oh ! comme c'est beau, Pœstum ! dit-elle. Quel malheur de ne point pouvoir y retourner demain, après-demain, tous les jours !

Salvato la serra contre son cœur. Il est évident qu'il trouvait, comme Luisa, que Pœstum était le paradis du monde.

Les deux jeunes gens, d'un pas si léger qu'il semblait effleurer les marches de l'escalier, rentrèrent dans leur chambre. Mais, avant d'y rentrer, Luisa se retourna et laissa tomber ces mots :

— Michele, dans un quart d'heure, nous partons.

Au bout d'un quart d'heure, la voiture était prête; mais ce ne fut qu'au bout d'une heure que Luisa descendit.

Cette fois, sa physionomie était bien différente. Son visage s'était couvert d'une légère teinte de tristesse, et la flamme de son regard s'était tempérée dans les larmes.

Quoiqu'ils dussent se revoir le lendemain, les adieux des jeunes gens n'en avaient pas moins été tristes. En effet, lorsqu'on s'aime et qu'on se quitte, ne fût-ce que pour un jour, on remet pendant un jour son bonheur aux mains du hasard.

Quelle est la sagesse si profonde qu'elle puisse prévoir ce qui se passera entre deux soleils!

Lorsque Luisa descendit, la nuit commençait à tomber, et la voiture était prête depuis trois quarts d'heure.

Elle était attelée de trois chevaux; sept heures sonnaient; le cocher promettait d'être de retour à Naples vers dix heures.

Luisa se ferait conduire droit chez les Backer, et suivrait vis-à-vis d'André le conseil que lui avait donné Salvato.

Salvato reviendrait, le lendemain dans l'après-midi, se mettre aux ordres de son général.

Dix minutes s'écoulèrent en adieux. Les deux jeunes gens semblaient ne point pouvoir se séparer. Tantôt c'était Salvato qui retenait Luisa; tantôt c'était Luisa qui retenait Salvato.

Enfin, la voiture partit, les grelots sonnèrent, et le mouchoir de Luisa, trempé de larmes, jeta à son amant un dernier adieu, que celui-ci lui rendit en agitant son chapeau.

Puis la voiture, qui avait commencé à disparaître dans l'obscurité, disparut tout à fait dans la courbe de la rue.

Au fur et à mesure que Luisa s'éloignait de Salvato, cette puissance magnétique que le jeune homme avait exercée sur elle se calmait, et Luisa, se rappelant le sujet qui l'avait amenée, redevenait sérieuse, et, du sérieux, passait à la tristesse.

Pendant toute la route, Michele ne dit pas un mot qui pût faire allusion au secret qu'il avait surpris et au voyage qu'il avait fait.

On traversa successivement Torre-del-Greco, Portici, Resina, le pont de la Madeleine, la Marinella.

Les Backer demeuraient strada Medina, entre la strada dei Fiorentini et la via Schizzitella.

Dès Marinella, Luisa avait donné l'ordre au cocher de la déposer à la fontaine Medina, c'est-à-dire à l'extrémité de la strada del Molo.

Mais, à l'extrémité de la rue del Piliere, Luisa commença de s'apercevoir, à l'affluence du monde qui se précipitait vers la strada del Molo, que quelque chose d'extraordinaire se passait dans le quartier.

A la hauteur de la strada del Porto, le cocher déclara qu'il lui était impossible d'aller plus loin avec sa voiture : son cheval risquait d'être éventré par ceux que lui-même menaçait d'écraser.

Michele fit ce qu'il put pour obtenir de sa sœur de lait qu'elle revînt sur ses pas, suivît un autre chemin ou prît une barque au Môle.

Cette barque, en une demi-heure, l'eut conduite à Mergellina.

Mais Luisa avait un but qu'elle considérait comme sacré, et elle refusa de s'éloigner. D'ailleurs, cette foule se précipitait vers la rue Medina, le bruit qu'on entendait venait de la rue Medina, et, aux quelques paroles que surprenait la jeune femme, se mêlaient des mots qui éveillaient l'inquiétude dans son cœur.

Il lui semblait que tout ce peuple qui s'engouffrait

dans la rue Medina, parlait de complots, de trahisons, de massacres, et nommait les Backer.

Elle sauta à bas de la voiture, et, toute frissonnante, prit le bras de Michele, avec lequel elle se laissa entraîner par le flot.

On voyait au fond de la rue briller des torches et étinceler des baïonnettes; puis, au milieu d'une rumeur confuse, on entendait des cris de menace.

— Michele, dit Luisa, monte donc sur la margelle de la fontaine, et dis-moi ce que tu vois.

— Michele obéit, et ainsi, dépassant toutes les têtes, put plonger au fond de la rue.

— Eh bien? demanda Luisa.

Michele hésitait à répondre.

— Mais parle donc! s'écria Luisa de plus en plus inquiète, parle donc! Que vois-tu?

— Je vois, dit Michele, des hommes de la police qui portent des torches, et des soldats qui gardent la maison de MM. Backer.

— Ah! dit Luisa, ils ont été dénoncés, les malheureux! Il faut que je pénètre jusqu'à eux, il faut que je les voie.

— Non, non, petite sœur, dit Michele. Tu n'es pour rien là dedans, n'est-ce pas?

— Dieu merci, non.

— Alors, viens; éloignons-nous.

— Au contraire, au contraire, dit Luisa, avançons.

Et, tirant à elle Michele, elle le força de descendre de la margelle et de rentrer dans la foule.

En ce moment, les cris redoublèrent, et il se fit un grand mouvement parmi cette foule. On entendit les crosses des fusils retentir sur le pavé, des voix impératives crièrent : « Place! » une espèce de tranchée s'ouvrit, et Michele et Luisa se trouvèrent en face des deux prisonniers, dont l'un — c'était le plus jeune — tenait, entre ses bras liés autour du corps, le drapeau blanc des Bourbons.

Ils étaient au milieu d'hommes portant d'une main des torches et de l'autre des sabres, et, malgré les injures, les huées et les insultes de la canaille, toujours prête à insulter, à huer, à injurier le plus faible, ils marchaient tête levée, comme des gens qui confessent hautement leur foi.

Stupéfaite à cette vue, Luisa, au lieu de se ranger comme les autres, resta immobile et se trouva en face du plus jeune des deux prisonniers, c'est-à-dire d'André Backer.

Tous deux, en se reconnaissant, firent un pas en arrière.

— Ah! madame, dit amèrement le jeune homme, je savais bien que c'était vous qui m'aviez trahi;

mais je ne savais pas que vous eussiez le courage d'assister à mon arrestation !

La San-Felice voulut répondre, nier, protester, jurer Dieu ; mais le prisonnier l'écarta doucement, et passa en disant :

— Je vous pardonne, au nom de mon père et au mien, madame ; puissent Dieu et le roi vous pardonner comme moi !

Luisa voulut répondre, la voix lui manqua ; et, au milieu des cris : « C'est elle ! c'est cette femme, c'est la San-Felice qui les a dénoncés ! » elle tomba dans les bras de Michele.

Les prisonniers continuèrent leur route vers le Castel-Nuovo, où ils furent enfermés sous la garde de son commandant, le colonel Massa.

XXXVIII

L'APOTHÉOSE

Lorsque Luisa revint à elle, elle se trouva dans une espèce de café faisant l'angle de la strada del

Molo et de la calata San-Marco. Michele l'y avait transportée à travers la foule, qui s'était amassée à la porte, et la regardait par les fenêtres fermées et pas les portes ouvertes.

Cette foule répétait les paroles du prisonnier et disait en la montrant du doigt :

— C'est elle qui les a dénoncés.

En rouvrant les yeux, elle avait d'abord tout oublié ; mais peu à peu, en regardant autour d'elle, en reconnaissant où elle se trouvait, en voyant cette multitude amassée autour de la maison, elle se souvint de tout ce qui s'était passé, jeta un cri et cacha sa tête dans ses mains.

— Une voiture ! au nom du ciel, mon cher Michele ! une voiture, et rentrons chez moi !

La chose n'était point difficile ; il y avait alors et il y a encore aujourd'hui, entre le théâtre Saint-Charles et le théâtre du Fondo, une station de voitures pour la commodité des dilettanti qui venaient, à cette époque, assister à la représentation des chefs-d'œuvre de Cimarosa et de Paesiello, et qui viennent aujourd'hui assister à celle des œuvres de Bellini, de Rossini et de Verdi. Michele sortit, appela une voiture fermée, la fit approcher de la porte qui donne sur la strada del Molo, y conduisit Luisa au milieu des vivats ou des murmures des assistants, selon que ceux-ci, étaient patriotes ou bourboniens, lui savaient gré ou lui voulaient mal pour sa prétendue délation, y monta avec elle et referma la portière en disant :

— A Mergellina !

La foule s'ouvrit, la voiture passa, traversa le largo Castello, prit la rue Chiaïa, et, au bout d'un quart d'heure, s'arrêta à la maison du Palmier.

Michele sonna vigoureusement ; Giovannina vint ouvrir.

La jeune fille avait sur les lèvres cette joyeuse expression des mauvais serviteurs qui ont une fâcheuse nouvelle à annoncer.

— Ah ! dit-elle entamant la conversation la première, pendant que madame n'y était point, il s'est passé de belles choses ici !

— Ici ? demanda Luisa.

— Oui, ici, madame.

— Ici, dans la maison ou à Naples ?

— Ici, dans la maison.

— Que s'est-il donc passé ?

— Madame aurait dû me dire, dans le cas où l'on m'interrogerait sur M. André Backer, ce qu'il faudrait répondre.

— On vous a donc interrogée sur M. André Backer ?

— Comment, madame ! j'ai été arrêtée, conduite

à la police, menacée de la prison si je ne disais pas qui était venu la nuit passée chez madame. On savait que quelqu'un était venu; seulement, on ne savait pas qui.

— Et vous avez nommé M. Backer?

— Il l'a bien fallu. Dame, je n'ai pas été tentée d'aller en prison, moi. Ce n'était point pour moi que M. Backer était venu.

— Malheureuse! qu'avez-vous fait! dit Luisa tombant assise et inclinant sa tête dans ses mains.

— Que voulez-vous! j'ai eu peur, en niant, d'être convaincue, malgré ma dénégation, et que les mauvaises langues, voyant que j'avais voulu dissimuler la présence de M. André Backer chez madame, ne dissent que M. André Backer était l'amant de madame, comme on commence à le dire de M. Salvato.

— Oh! Giovannina! s'écria Michele.

Luisa se leva, lança un regard d'étonnement et de reproche à la jeune fille, et, d'une voix douce mais ferme :

— Giovannina, dit-elle, je ne sais quelle raison vous avez de reconnaître mes bontés par une si grande ingratitude. Demain, vous sortirez de chez moi.

— Comme il fera plaisir à madame, répondit insolemment la jeune fille.

Et elle sortit sans même se retourner.

Luisa sentit les larmes lui venir aux yeux. Elle tendit la main à Michele, qui s'agenouilla devant elle.

— Oh! Michele! mon cher Michele! murmura-t-elle en éclatant en sanglots.

Michele lui prit la main et la lui baisa, d'autant plus émotionné qu'il sentait au fond du cœur que tout ce trouble venait de lui.

— Voilà une soirée mauvaise, en effet, après une belle journée, dit-il. Pauvre petite sœur! tu étais si heureuse en revenant de Pœstum!

— Bien heureuse! bien heureuse! murmura-t-elle. Mais je ne sais quelle voix me dit à l'oreille que le plus beau et surtout le plus pur de mon bonheur est passé. Oh! Michele! Michele! quelle chose horrible a dite cette folle!

— Oui; mais, pour qu'elle ne dise point aux autres ce qu'elle vient de te dire, à toi, il ne faut pas la chasser. Songe qu'elle sait tout : l'assassinat de Salvato, l'asile que nous lui avons donné, son séjour dans la maison, tes intimités avec lui. Eh! mon Dieu, je sais bien, moi, qu'il n'y a pas de mal à tout cela; mais le monde y verra du mal, et, si, au lieu d'avoir intérêt à se taire en restant chez toi, elle a intérêt à parler, ne fût-ce que par vengeance, ta réputation en souffrira.

— Ne fût-ce que par vengeance, dis-tu? Et pourquoi Giovannina se vengerait-elle de moi? Je ne lui ai jamais fait que du bien.

— La belle raison! Il y a des esprits mauvais, petite sœur, qui d'autant plus vous en veulent, qu'on leur a fait plus de bien; et, depuis quelque temps, j'ai cru m'apercevoir que Giovannina était de ces esprits-là. Tu ne t'en es point aperçue, toi?

Luisa regarda Michele. Depuis quelque temps aussi, les rébellions de la jeune fille l'étonnaient en effet. Elle s'était demandé plusieurs fois la cause de ce changement de caractère et n'avait pu s'en rendre compte. Elle avait pu s'être trompée; mais, du moment que Michele reconnaissait comme elle cette mauvaise disposition de la jeune femme de chambre, c'est que, réellement, cette mauvaise disposition existait.

Tout à coup une lueur lui passa par l'esprit. Elle jeta les yeux avec inquiétude autour d'elle :

— Regarde, dit-elle, si l'on ne nous écoute point.

Michele s'avança vers la porte, mais sans avoir le soin d'amortir le bruit de ses pas, de sorte qu'au moment où la porte de la chambre de Luisa s'ouvrait, celle de la chambre de Nina se refermait. Nina écoutait-elle, ou cette porte ouverte d'une part et fermée de l'autre était-elle un pur effet du hasard?

Michele referma la porte, poussa le verrou, et, reprenant sa place aux pieds de sa sœur :

— Tu peux parler, lui dit-il. Je ne dirai point : « Personne ne nous écoutait, » mais je dirai : « Personne ne nous écoute plus. »

— Eh bien, dit Luisa en éteignant sa voix et en se penchant sur Michele, voilà deux choses qui m'arrivent et qui me confirment dans mes soupçons. Lorsque, la nuit dernière, le pauvre André Backer est venu me voir, il savait de point en point ce qui s'était passé entre Salvato et moi. Ce matin, tandis qu'à Salerne je causais avec Salvato, une lettre anonyme est arrivée, racontant à Salvato qu'un jeune homme m'avait attendu chez moi la nuit précédente, jusqu'à deux heures du matin, et ne s'était retiré qu'à trois, après avoir causé une heure avec moi. De qui viennent ces dénonciations, sinon de Giovannina, je te le demande ?

— *Managgia la Madonna!* murmura Michele, voilà qui était grave. Mais je ne t'en dirai pas moins : Dans ce moment-ci, et à moins d'une certitude, ne fais pas d'éclat. Je te donnerais bien un autre conseil, mais tu ne le suivrais pas.

— Lequel ?

— Je te dirais bien : Va rejoindre le chevalier à

Palerme; voilà ce qui coupera court à tous les mauvais propos.

Un vive rougeur envahit les joues de Luisa; elle laissa tomber sa tête dans ses mains, et, d'une voix étouffée :

— Hélas! répondit-elle, le conseil est bon et vient d'un ami...

— Eh bien?

— Je pouvais le suivre hier; je ne puis plus le suivre aujourd'hui.

Et un gémissement profond s'échappa du cœur de Luisa.

Michele regarda Luisa et comprit tout ; la tristesse de Naples confirmait les soupçons qu'avait fait naître en lui la joie de Salerne.

En ce moment, Luisa entendit des pas dans le corridor de communication. Mais ces pas ne cherchaient point à se dissimuler. Elle releva la tête et écouta avec inquiétude. Dans la situation où elle se trouvait, tout était, en effet, inquiétant.

Bientôt on frappa à sa porte, et la voix de la duchesse Fusco demanda :

— Chère Luisa, êtes-vous chez vous?

— Oh! oui, oui; entrez, entrez! cria Luisa.

La duchesse entra, Michele voulut se lever; mais la main de Luisa le maintint où il était.

— Que faites-vous donc ici, ma belle Luisa, s'écria la duchesse, seule et presque dans l'obscurité, avec votre frère de lait, tandis que l'on vous fait chez moi un triomphe ?

— Un triomphe, chez vous, chère Amélie ? demanda Luisa tout étonnée. Et à quel propos ?

— Mais à propos de ce qui s'est passé. N'est-il pas vrai que vous avez découvert une conspiration qui nous menaçait tous, et qu'en la dénonçant, non-seulement vous nous avez sauvés tous, mais encore vous avez sauvé la patrie !

— Oh ! vous aussi, Amélie, s'écria Luisa en laissant échapper un sanglot, vous aussi, vous avez pu me croire capable d'une pareille infamie !

— Infamie ! s'écria à son tour la duchesse, à laquelle son ardent patriotisme et sa haine des Bourbons faisaient apparaître les choses sous un tout autre point de vue qu'elles apparaissaient à Luisa; tu appelles infamie une action qui eût illustré une Romaine du temps de la République ! Ah ! pourquoi n'étais-tu pas ce soir chez nous quand cette nouvelle est arrivée : tu eusses vu l'enthousiasme qu'elle a excité. Monti a improvisé des vers en ton honneur; Cirillo et Pagano ont proposé de te décerner la couronne civique; Cuoco, qui écrit l'histoire de notre révolution, t'y garde une de ses plus belles pages.

Pimentel annoncera demain, dans son *Moniteur*, la dette immense que Naples a contractée envers toi; les femmes, la duchesse de Pepoli t'appelaient pour t'embrasser; les hommes t'attendaient à genoux pour te baiser la main; quant à moi, j'étais fière et joyeuse d'être ta meilleure amie. Demain, Naples ne s'occupera que de toi; demain, Naples t'élèvera des autels, comme Athènes en élevait à Minerve, déesse protectrice de la patrie.

— Oh! malheur! s'écria Luisa. Un seul jour a suffi pour imprimer une double tache sur moi! 7 février! 7 février! date terrible!

Et elle tomba renversée, presque mourante, dans les bras de la duchesse Fusco, tandis que Michele, plein de doute maintenant sur l'action qu'il avait commise, plein de remords en voyant dans cet état celle qu'il aimait plus que sa vie, déchirait avec ses ongles sa poitrine ensanglantée.

Le lendemain, 8 février 1799, on lisait dans *le Moniteur parthénopéen*, en premier article et en grosses lettres, les lignes suivantes:

« Une admirable citoyenne, Luisa Molina San-Felice, a découvert hier soir, vendredi, la conspiration ourdie par quelques scélérats insensés, qui, se fiant à la présence de plusieurs vaisseaux de l'escadre anglaise dans nos ports, de concert avec elle, devaient, dans la nuit de samedi à dimanche, c'est-à-dire ce soir, renverser le gouvernement, massacrer les bons patriotes et tenter une contre-révolution.

» Les chefs de ce projet impie étaient les banquiers Backer père et fils, Allemands tous deux d'origine et demeurant rue Medina. Ils ont été arrêtés hier au soir et conduits en prison, André Backer portant, comme symbole de sa honte, le drapeau royal trouvé chez lui. On y a trouvé aussi un certain nombre de cartes de sûreté qui devaient être distribuées à ceux que l'on voulait épargner. Tous ceux qui n'auraient point été porteurs de ces cartes étaient désignés pour la mort.

» Diverses arrestations secondaires ont eu lieu à la suite de cette arrestation principale, et le monastère de San-Francesco-delle-Monache, attendu l'opportunité du local (chacun sait qu'il forme une espèce d'île), a été désigné pour servir de prison aux prévenus. Les religieuses l'ont, par conséquent, abandonné, et sont passées à celui de Donna-Albina.

» Au nombre des individus arrêtés, outre Backer père et fils, on compte le curé des Carmes, le prince de Canassa, les deux frères Jorio, l'un magistrat, l'autre évêque, et un juge nommé Jean-Baptiste Vecchione.

» Un dépôt de cent cinquante fusils et d'autres

armes, telles que sabres et baïonnettes, a été, en outre, trouvé à la douane.

» Gloire à Luisa Molina San-Felice ! Elle a sauvé la patrie ! »

XXXIX

LES SANFÉDISTES

L'encyclique du cardinal Ruffo avait produit dans toute la basse Calabre l'effet de l'étincelle électrique.

Et, en effet, plus on était éloigné de Naples, plus le faible reflet intellectuel qui émanait de la capitale allait s'amoindrissant. Le cardinal avait mis les pieds, nous l'avons dit, dans l'antique Brutium, cet asile des esclaves fugitifs, et toute cette partie de la Calabre avait traversé les siècles en demeurant dans la plus exacte ignorance et dans la stagnation la plus complète ; de sorte que les mêmes hommes qui, la veille, sans savoir ce qu'ils disaient, criaient : « Vive la République ! meurent les tyrans ! » se mirent à crier, de la même voix : « Vive la religion ! vive le roi ! à mort les jacobins ! »

Malheur à ceux qui se montraient indifférents à la cause bourbonienne et qui ne criaient pas plus fort ou du moins aussi fort que les autres; ils étaient accueillis de ce cri : « Voilà un Jacobin ! » et ce cri, dès qu'il se faisait entendre, était, comme à Naples, une condamnation à mort.

Les partisans de la révolution ou ceux qui avaient manifesté leur sympathie pour les Français étaient forcés de quitter leurs maisons et de fuir. Jamais le *Dulcia linquimus arva* de Virgile n'eut un écho plus triste et plus retentissant.

Tous ces patriotes fugitifs prenaient la route de la haute Calabre, s'arrêtant lorsqu'ils parvenaient à échapper aux poignards de leurs compatriotes, les uns à Monteleone, les autres à Catanzaro ou à Cotrone, seules villes où eussent pu s'établir des municipes et un pouvoir démocratique. Cette persistance dans une opinion républicaine était maintenue dans ces trois villes par l'espérance de l'arrivée de l'armée française.

Mais, de toutes les autres villes soulevées par l'encyclique du cardinal, on voyait sortir, comme si elles allaient en procession, des multitudes de citoyens, précédés de leur curé la croix en main, et ayant à leur chapeau des rubans blancs, signes visibles de leurs opinions; ces bandes, si elles venaient de la montagne, se dirigeant vers Mileto, si elles venaient de la plaine, se dirigeant vers Palmi ; des villes et des villages tout entiers abandonnés par les hommes valides n'étaient plus habités que par les femmes, les vieillards et les enfants, de façon qu'en peu de jours le seul camp de Palmi réunit environ vingt mille hommes armés, tandis que celui de Mileto en comptait presque autant, tous ces hommes portant avec eux leurs vivres et leurs munitions, les riches donnant aux pauvres, les couvents à tous.

Au milieu de ces masses de volontaires, on remarquait des ecclésiastiques de tout grade, depuis le simple curé d'un hameau de quelques centaines d'hommes jusqu'à l'évêque des grandes villes. Il y avait des propriétaires riches à millions, de pauvres journaliers gagnant à grand'peine dix grains par jour.

« Enfin, dit l'écrivain sanfédiste Dominique Sacchinelli, auquel nous empruntons une partie des détails de cette miraculeuse campagne, enfin il y avait dans cette foule quelques honnêtes gens mus par l'amour du roi et le respect de la religion, mais, malheureusement, un bien plus grand nombre d'assassins et de voleurs poussés par l'esprit de rapine et par la soif de la vengeance et du sang. »

Cinq ou six jours après son arrivée à Catona, le

cardinal, qui passait toutes les journées à son balcon, vit se détacher de la pointe du Phare et se diriger vers lui une petite barque manœuvrée par un moine et montée par deux pêcheurs. Mais, comme moine et pêcheurs avaient pour eux le courant et la brise, les pêcheurs laissaient reposer leur avirons, et le moine, à l'arrière, tenait l'écoute de la voile et dirigeait la barque, qui aborda sur la plage de Catona, à l'endroit même où le cardinal avait débarqué quelques jours auparavant.

Ce moine marin avait d'abord intrigué quelque peu le cardinal, qui avait demandé sa lunette d'approche pour examiner le phénomène; mais le phénomène lui avait été bien vite expliqué. Dans le moine marin, il avait reconnu notre ancienne connaissance fra Pacifico.

A peine la barque eut-elle abordé, que le frère capucin sauta à terre, et, d'un pied aussi ferme sur terre que sur mer l'avait été sa main, se dirigea vers la maison qu'habitait Son Éminence.

Le cardinal connaissait fra Pacifico et de réputation et de vue. De réputation, il savait qu'il était un ancien marin de la frégate *la Minerve*, et n'ignorait point de quelle façon la vocation lui était venue. De vue, il l'avait rencontré chez le roi Ferdinand, posant pour la crèche avec son âne Giacobino, et la renommée lui avait apporté le récit des faits et gestes du belliqueux capucin pendant les trois jours de combat qui avaient précédé la prise de Naples.

Il l'honora donc de loin d'un signe de main qui fit hâter le pas au moine, lequel, cinq minutes après, avait l'honneur de baiser la main de Son Éminence.

Maintenant, quelle cause avait fait quitter à fra Pacifico son couvent de Saint-Hérem et l'amenait en Calabre?

En deux mots, nous allons l'expliquer à nos lecteurs.

La conspiration contre-révolutionnaire de Backer, confiée si imprudemment par André à Luisa, et dénoncée si prudemment par Michele au général Championnet, avait commencé à s'organiser dès la fin de décembre, c'est-à-dire quelques jours à peine après le départ de Ferdinand.

Vers le 15 du mois de janvier, tous les fils en étaient noués, et l'on cherchait un homme sûr pour en porter la communication à Ferdinand.

On s'adressa au vicaire de l'église del Carmine, qui, comme nous l'avons dit, faisait partie de la conspiration.

Celui-ci proposa fra Pacifico, qui fut accepté par acclamation. Fra Pacifico, déjà populaire à Naples par sa manière de faire la quête, avait obtenu, dans les derniers événements, un surcroît de popularité qui ne permettait pas de mettre un instant en doute son courage et son royalisme.

Des ouvertures avaient donc été faites à fra Pacifico pour se rendre à Palerme et faire part au roi du gigantesque complot qui se tramait en sa faveur.

Fra Pacifico avait accepté avec joie cette dangereuse mission. Son oisiveté lui pesait au moins autant qu'à Oreste son innocence, et, au milieu de tous ses confrères imbéciles ou poltrons, le moine mordait rageusement son frein et entrait dans des orages de colère qui retombaient en grêle de coups de bâton sur le dos du pauvre Giacobino.

A peine eut-il été mis au courant de la mission qui lui était confiée, et eut-il, sous la direction du chanoine Jorio, appris par cœur ce qu'il avait à dire au roi Ferdinand, — car, de peur que le moine ne tombât aux mains des patriotes, on n'avait voulu lui confier aucun papier, — qu'il tira Giacobino de l'écurie comme s'il allait en quête, sortit du couvent son bâton de laurier à la main, descendit le largo delle Pigne, prit la strada San-Giovanni à Carbonara, par l'Arenaccia, gagna le pont de la Maddalena, et, le même jour, tantôt marchant à pied, tantôt porté par Giacobino, alla coucher à Salerno

Fra Pacifico, en faisant les plus fortes journées possibles, devait suivre les bords de la mer Thyrrénienne, et, à la première occasion qu'il trouverait, passer en Sicile.

En cinq ou six jours, fra Pacifico était parvenu au Pizzo. Il avait, là, des recommandations pressantes pour un certain Trenta-Capelli, ami du vicaire des Carmes, et dont le dévouement à la famille des Bourbons était bien connu.

Et, en effet, Trenta-Capelli non-seulement avait reçu fra Pacifico chez lui, mais encore lui avait ménagé sur une balancelle son passage pour Palerme.

Fra Pacifico s'était donc embarqué au Pizzo, laissant, après une onctueuse et touchante recommandation, Giacobino aux mains de Trenta-Capelli, qui avait promis d'avoir pour le compagnon d'armes du moine les plus grands égards. Fra Pacifico voulait bien battre son âne, fra Pacifico ne pouvait même point se passer de le battre, mais il ne voulait point que d'autres le battissent.

En passant au Pizzo, le moine reprendrait sa bête.

Fra Pacifico avait heureusement abordé à Palerme et s'était immédiatement dirigé vers le palais royal.

Mais, là, il avait appris que le roi chassait dans les bois de la Ficuzza.

Il avait demandé, pour cause d'urgence, à être introduit près de la reine. La reine, à qui le nom de fra Pacifico était bien connu, ne l'avait point fait attendre, et l'avait reçu à l'instant même.

Fra Pacifico, qui connaissait parfaitement la suprématie qu'exerçait Sa Majesté, n'avait point hésité une minute à lui débiter le discours que lui avait fait apprendre de mémoire le chanoine Jorio.

La reine avait jugé la nouvelle si importante, qu'elle avait, à l'instant même, fait mettre les chevaux à une voiture, y avait fait monter avec elle Acton et fra Pacifico, et était partie pour la Ficuzza.

On était arrivé juste au moment où le roi arrivait lui-même de la chasse. Sa Majesté était de fort mauvaise humeur.

Son fusil, ce qui ne lui était jamais arrivé, avait raté deux fois : une première fois sur un sanglier, l'autre sur un chevreuil ; ce que le roi regardait non-seulement comme un accident déplorable, mais encore comme le pire de tous les présages.

Il tourna donc le dos à Acton, rudoya la reine et écouta à peine fra Pacifico, qui lui débita, comme il avait fait à Caroline, tous les détails du complot.

Au nom de Backer, le roi se rasséréna quelque peu; mais, à celui de Jorio, son visage se bouleversa.

— Les imbéciles! s'écria-t-il, ils conspirent avec le premier jettatore de Naples, et ils veulent que leur complot réussisse! J'estime fort le vicaire del Carmine, quoique je ne le connaisse pas, et le prince de Canossa, quoique je le connaisse; j'aime les Backer comme la prunelle de mes yeux; mais, parole d'honneur, je ne donnerais pas deux grains de leur tête. Conspirer avec Jorio! il faut qu'ils soient bien las de la vie.

La reine n'avait point contre les jettatori les mêmes préventions que Ferdinand, parce qu'elle n'avait point les mêmes préjugés; mais elle avait pour le gros bon sens du roi un certain respect. Elle multiplia donc les questions à fra Pacifico, qui répondit à tout avec la franchise d'un marin et la confiance d'un enthousiaste.

Selon fra Pacifico, avec les précautions prises, il n'y avait aucune crainte à concevoir et la conspiration ne pouvait manquer de réussir.

Le roi, la reine et Acton se réunirent en comité, et il fut convenu que l'on enverrait fra Pacifico au cardinal pour que celui-ci fût prévenu de ce qui se passait à Naples et tirât des capacités guerrières et religieuses du moine le meilleur parti qu'il pouvait en tirer.

En conséquence, après avoir eu l'honneur de dîner à la table de Leurs Majestés Siciliennes, fra Pacifico revint à Palerme dans la compagnie du roi, de la reine et du lieutenant général.

Là, on avisa au moyen de l'expédier en Calabre le plus tôt possible; et, comme le moine, en sa qualité de partie intéressée, était admis au conseil, il déclara qu'à son avis, le mode de locomotion le plus rapide était une bonne barque, avec la voile latine pour les heures où il y aurait du vent, et deux bons rameurs pour les heures où il n'y en aurait pas.

En conséquence, on donna mille ducats à fra Pacifico pour l'achat ou la nolisation de la barque, le reste de la somme devant, à titre de gratification, revenir au couvent.

Dès le même soir, fra Pacifico, moyennant six ducats, eut frété une barque, montée de deux rameurs, et, avant minuit, il se mettait en route.

Au bout de quatre jours, la barque doublait le Phare, et, deux heures après, comme nous l'avons dit, abordait à Catona.

Fra Pacifico était porteur d'une lettre autographe de Ferdinand pour le cardinal.

Cette lettre était conçue en ces termes :

« Mon éminentissime, j'ai reçu, comme vous le comprenez bien, avec la plus vive satisfaction, la nouvelle de votre arrivée à Messine, et, subséquemment, celle de votre heureux débarquement en Calabre.

» Votre encyclique, que vous m'avez fait parvenir, est un modèle d'éloquence guerrière et religieuse, et je ne doute pas qu'elle ne nous vaille bientôt, jointe à la popularité de votre nom, une brave et nombreuse armée.

» Je vous envoie un de nos bons amis, qui, ne vous est pas inconnu : c'est fra Pacifico, du couvent des capucins de Saint-Hérem. Il arrive de Naples et nous apporte du bon et du mauvais, et, comme le dit le proverbe napolitain, dans ce qu'il vous racontera, il y a à boire et à manger.

» Le bon est que l'on s'occupe de nous à Naples et que l'on songe à faire de nouvelles Vêpres siciliennes contre ces brigands de jacobins ; le mal est que l'on ait admis dans les rangs de la conspiration des jettateurs comme le chanoine Jorio, qui ne peuvent manquer de lui porter malheur.

» C'est vous dire, mon éminentissime, que, plus que jamais, je compte sur vous, ne voyant mon salut qu'en vous.

» Je mets, avec son autorisation et celle de son

supérieur, fra Pacifico à votre disposition. C'est, vous le savez, un serviteur brave et dévoué. Je ne doute pas qu'il ne vous soit d'une grande utilité, soit que vous vous décidiez à le renvoyer à Naples, soit que vous préfériez le garder près de vous.

» Ne quittez point Catona, et n'entrez point en Calabre sans m'avoir adressé un plan détaillé de la marche matérielle et politique que vous comptez suivre. Mais ce que je vous recommande avant tout, c'est de n'accorder aucun pardon aux coupables, de les punir sans pitié, pour l'exemple des autres, et cela, dès que le crime commis par eux vous sera avéré. La trop grande indulgence dont nous avons usé est cause de l'état déplorable dans lequel nous nous trouvons.

» Que le Seigneur vous conserve et bénisse de plus en plus vos opérations, comme l'en prie dans son indignité et comme vous le souhaite votre affectionné

» FERDINAND B. »

Le cardinal avait une mission toute prête à donner à fra Pacifico.

C'était de l'envoyer à de Cesare pour ordonner à son lieutenant de faire sa jonction avec lui, Ruffo.

On avait eu des nouvelles du faux prince héréditaire, et les nouvelles étaient des plus satisfaisantes.

Du moment que de Cesare avait été reconnu pour le duc de Calabre par l'intendant de Bari et par les deux vieilles princesses, nul n'eût osé émettre un doute sur son identité.

En conséquence, après avoir reçu à Brindisi les députations de toutes les villes environnantes, il se mit en marche pour Tarente, où il arriva avec trois cents hommes, à peu près.

Là, lui, Boccheciampe et leurs compagnons résolurent, sur le conseil que leur avaient donné M. de Narbonne et les vieilles princesses, de se séparer. De Cesare, c'est-à-dire le prince François, et Boccheciampe, c'est-à-dire le duc de Saxe, resteraient en Calabre; les autres, c'est-à-dire Corbara, Geronda, Colonna Durazzo et Pitta Luga, s'embarqueraient sur la felouque qu'ils avaient nolisée à Brindisi et qui viendrait les prendre à Tarente, et iraient à Corfou presser l'arrivée de la flotte turco-russe.

Disons tout de suite, pour en finir avec les cinq aventuriers que nous venons de nommer les derniers, qu'à peine furent-ils en mer, une galère tunisienne leur donna la chasse et les fit prisonniers.

Il est vrai que le consul d'Angleterre les réclama et qu'ils furent rendus à la liberté après une captivité de quelques mois. Mais, comme ils sortirent d'esclavage trop tard pour prendre part aux événements qui nous restent à raconter, nous nous contenterons de rassurer nos lecteurs sur leur sort, et nous reviendrons à de Cesare et à Boccheciampe, qui, comme on va le voir, faisaient merveille.

De Tarente, ils étaient partis pour Mesagne : là, ils furent reçus avec tous les honneurs dus à leur rang supposé. Ils s'arrêtèrent un instant dans cette ville, rétablirent l'ordre dans la province et la mirent en état de soutenir, en faveur de la cause royale, la lutte qu'ils préparaient.

A Mesagne, ils apprirent que la ville d'Oria s'était démocratisée. Ils se mirent aussitôt en marche, se recrutèrent en route d'une centaine d'hommes et rétablirent le gouvernement bourbonien.

Là, les députations se succédèrent. Elles arrivèrent non-seulement de Lecce, de la province de Bari, mais encore de la Basilicate, c'est-à-dire de l'extrémité opposée à la Calabre. De Cesare recevait les députés avec beaucoup de dignité, mais aussi de reconnaissante affection. A tous il disait qu'il fallait que tout fidèle sujet du roi prît les armes et combattît la révolution, de sorte que, de ces réceptions gracieuses et de ces éloquents discours, il résulta une grande augmentation de volontaires.

Mais les choses ne devaient pas toujours aller sur

un terrain si facile. A Francavilla, on s'était tiré des coups de fusil et donné des coups de couteau. Les royalistes, se sentant les plus forts, avaient tué ou blessé quelques démocrates. De Cesare et Boccheciampe arrivèrent, et, il faut leur rendre cette justice, leur arrivée fit cesser à l'instant même les assassinats.

Nous avons eu entre les mains une proclamation de Cesare, signée *François, duc de Calabre,* dans laquelle le faux prince, se dénonçant par son humanité, disait que se rendre justice soi-même était usurper les droits de la justice royale; qu'il fallait laisser aux magistrats la terrible responsabilité de la vie et de la mort, et que Son Altesse voyait avec le plus grand déplaisir les royalistes se livrer à de semblables excès. »

C'était assez imprudent au faux prince de parler sur ce ton, lorsque Ferdinand recommandait à Ruffo l'extermination des jacobins.

A Naples, il eût été immédiatement reconnu pour un aventurier; mais, en Calabre, on ne continua pas moins, malgré cette imprudente pitié, de le prendre pour un prince.

Après deux jours passés à Francavilla, de Cesare et Boccheciampe étaient entrés à Ostuni, qu'ils avaient trouvée dans la plus complète anarchie.

Le parti royaliste, triomphant à leur approche, s'était emparé de toute l'autorité et avait voulu massacrer un des patriotes les plus connus et les plus intelligents du pays, et, avec lui, toute sa famille.

Ce patriote, homme non-seulement d'un grand talent comme médecin, mais encore d'un grand cœur, ainsi qu'on va le voir, se nommait Airoldi.

Voyant l'inévitable danger venu à lui, il résolut de se sacrifier, mais, en se sacrifiant, de sauver sa famille.

En conséquence, il barricada l'entrée principale de sa maison, qu'il se prépara à défendre jusqu'à la dernière extrémité, tout en faisant fuir sa famille par une porte abandonnée depuis longtemps et qui donnait sur une ruelle sombre et déserte.

Les brigands se ruèrent alors contre la façade de la maison, qui donnait sur la grande rue et qui était barricadée.

Au moment où la porte s'ouvrait, afin que la colère de toute cette multitude se tournât contre lui, il lâcha ses deux coups de fusil sur les assaillants, tua un homme et en blessa un autre.

Puis il jeta derrière lui son fusil déchargé et se livra à ses bourreaux.

Ceux-ci avaient préparé un bûcher pour le brûler, lui, sa femme et ses trois enfants; mais il leur fallut, à leur grand regret, se contenter d'une seule victime.

Ils le lièrent sur le bûcher et le brûlèrent à petit feu.

De Cesare et Boccheciampe avaient été prévenus de ce qui se passait. Ils mirent leurs chevaux au galop; mais, quelque diligence qu'ils fissent, ils arrivèrent trop tard.

Le docteur venait d'expirer.

Ah! nous le savons bien, c'est une triste histoire que celle que nous écrivons sous la forme du roman, et peut-être ne lui avons-nous donné cette forme que pour avoir le droit de la publier et la certitude de la faire lire, et ce sont de misérables alliés, ceux que, de tout temps, de Ferdinand Ier à François II, de Mammone à La Gala, les Bourbons ont eu pour défenseurs de leur cause.

Mais aussi, passant derrière l'histoire et par les mêmes chemins qu'elle a suivis, nous avons le bonheur de pouvoir, à l'égard de certains hommes, rectifier ses jugements. Nous avons déjà peint le cardinal Ruffo, tel qu'il était et non point tel que les historiens, qui n'avaient pas lu sa correspondance avec Ferdinand, nous l'avaient donné.

A un plan moins important et plus éloigné, nous

sommes heureux de dire la vérité sur de Cesare et Boccheciampe.

Leur arrivée à Ostuni arrêta le sang et fit cesser les massacres.

Il y a, à notre avis, une grande joie et un grand orgueil à sauver la vie d'un homme; mais l'orgueil ne doit-il pas être aussi grand, la joie aussi grande lorsque l'on tire une mémoire des gémonies où un historien peu consciencieux ou mal renseigné l'avait traînée et qu'on la réhabilite aux yeux de la postérité?

Et voilà ce qui donnera, nous l'espérons, à ce livre un cachet particulier : c'est la conscience avec laquelle il répandra la lumière sur tous et même sur ceux qui, au point de vue de notre opinion, seraient nos ennemis, si, au point de vue de notre conscience, nous ne devions, avant tout, être leur juge.

Ce fut sur la place d'Ostuni, près du bûcher du docteur Airoldi, que fra Pacifico rejoignit de Cesare et son compagnon. Ils étaient occupés à recevoir des députations qui non-seulement venaient rendre hommage au faux prince, mais encore lui demander des secours. Lecce était séparée en deux parties, et les républicains étaient les plus forts. Tarente et Martina étaient dans la même situation; Aquaviva était démocratisée jusqu'au fanatisme : Altamura surtout avait fait serment de s'ensevelir sous ses ruines plutôt que de rester sous la domination des Bourbons. Considérées à leur véritable point de vue, les choses ne présentaient donc pas un succès si facile qu'on l'avait cru d'abord.

Fra Pacifico attendit que le faux prince eût reçu les trois ou quatre députations qui lui étaient envoyées, et s'annonça comme venant de la part du vicaire général.

De Cesare pâlit et regarda Bocchaciampe; selon lui, le seul vicaire général qui pût envoyer vers lui était le prince François.

L'humilité du messager ne prouvait rien. De Cesare lui-même choisissait pour porter ses ordres ou ses dépêches des moines de bas étage; le moine, quel qu'il soit et à quelque robe qu'il appartienne, étant toujours bien reçu partout, dans l'Italie méridionale, mais à plus forte raison s'il a fait vœu de pauvreté et appartient à quelque ordre mendiant.

— Quel est ce vicaire général? demanda de Cesare pour l'acquit de sa conscience, mais croyant savoir d'avance quelle réponse serait faite à cette question.

— Ce vicaire général, répondit fra Pacifico, est Son Éminence le cardinal Ruffo, et voici la dépêche dont je suis chargé de sa part pour Votre Altesse.

De Cesare regarda Boccheciampe avec une inquiétude croissante.

— Voyons, monseigneur, dit Boccheciampe, décachetez cette lettre et lisez-la, puisqu'elle est à votre adresse.

Et, en effet, la lettre portait cette suscription :

« A Son Altesse royale monseigneur le duc de Calabre. »

De Cesare l'ouvrit et lut :

« Monseigneur,

» Votre auguste père, Sa Majesté Ferdinand, que Dieu garde! m'a fait l'honneur de me nommer son lieutenant, avec charge de reconquérir son royaume de terre ferme, envahi à la fois par les jacobins français et leurs principes.

» Ayant appris, tant à Palerme qu'à Messine, et surtout à mon débarquement en Calabre, où je suis descendu le 8 février du présent mois, l'entreprise hardie que Votre Altesse avait tentée de son côté, et la façon miraculeuse dont Dieu l'avait secondée, je dépêche à Votre Altesse un de nos partisans les plus chaleureux et les plus éprouvés, pour lui dire que le roi votre père, que Dieu garde! malgré le rang suprême que vous êtes destiné à occuper, ayant daigné, tant sa confiance en moi est grande, mettre Votre Altesse sous mes ordres, j'ai l'honneur de lui faire savoir que, dès qu'elle aura assuré la tranquillité des provinces où elle se trouve, je la prie de venir me rejoindre avec ce qu'elle aura de volontaires, d'armes et de munitions, pour que nous marchions ensemble sur Naples, où seulement nous parviendrons à trancher les sept têtes de l'hydre.

» Tout en laissant à Votre Altesse le soin d'apprécier l'époque où elle doit me rejoindre, je lui ferai observer que le plus tôt sera le mieux.

» J'ai l'honneur d'être, avec respect,

» De Votre Altesse royale,

» Le très-humble serviteur et sujet,

» Le cardinal RUFFO. »

Dans cette lettre était inséré un petit papier où, de sa plus fine écriture, le cardinal avait tracé les mots suivants :

« Capitaine de Cesare, le roi connaît votre dévouement et l'approuve, ainsi que celui de vos compagnons. Le jour où vous me rejoindrez, vous abdiquerez le titre de prince, mais vous prendrez à mes côtés le rang de brigadier.

» En attendant, demeurez pour tous le prince

héréditaire et que Dieu vous garde ni plus ni moins que si vous étiez lui-même!

» Celui qui vous porte ce billet, quoique tout dévoué à notre cause, ne sait que ce que voudrez lui dire, et il me paraît important, surtout si vous le renvoyez à Naples, qu'il y rentre avec la croyance que vous êtes bien véritablement le duc de Calabre. »

De Cesare lut la lettre, ou plutôt les deux lettres, d'un bout à l'autre avec toute l'attention que l'on peut imaginer; puis il les passa à Boccheciampe, tandis que fra Pacifico, qui prenait l'aventurier corse pour le vrai prince, se tenait respectueusement à quelque distance, attendant ses ordres.

— Vous savez lire, mon ami? demanda Boccheciampe lorsqu'il eut achevé les deux lettres et rendu à de Cesare le billet particulier qui était joint à la dépêche officielle.

— Par la grâce de Dieu, oui, dit fra Pacifico.

— Eh bien, alors, comme Son Altesse ne veut point avoir de secret pour un serviteur si dévoué que vous paraissez l'être, et désire que vous connaissiez le cas que monseigneur le cardinal fait de vous, elle vous autorise à prendre connaissance de cette lettre.

Fra Pacifico reçut, en s'inclinant jusqu'à terre, la lettre des mains du faux duc de Saxe, et la lut à son tour.

Après quoi, il s'inclina de nouveau en signe de remercîment et la rendit à celui qu'il prenait pour le prince.

— Eh bien, dit celui-ci, nous allons en finir, selon les instructions du cardinal, avec les quelques villes qui ont oublié leur devoir et qui résistent au pouvoir royal; après quoi, selon ses instructions toujours, nous nous rangerons immédiatement sous ses ordres.

— Et moi, monseigneur, dit fra Pacifico se redressant de toute la hauteur de sa longue taille avec la confiance d'un homme qui sait combien il peut être utile si on l'emploie convenablement, à quoi allez-vous m'occuper ?

Les deux jeunes gens se regardèrent, et, reportant leurs yeux sur fra Pacifico :

— Nous avons besoin d'un messager brave et habile qui nous précède à Martina et à Tarente, qui s'introduise dans ces deux villes et qui y répande nos proclamations.

— Me voilà, dit fra Pacifico frappant la terre de son bâton de laurier. Ah ! si j'avais Giacobino !

Les jeunes gens ignoraient ce que c'était que Giacobino, et apprirent du moine que c'était son âne, qu'il avait laissé au Pizzo en s'embarquant pour la Sicile.

Le même soir, fra Pacifico partit pour Martina,

portant une charge de proclamations pareille à celle qu'eût pu porter Giacobino.

XL

OÙ LE FAUX DUC DE CALABRE FAIT CE QU'AURAIT DU FAIRE LE VRAI DUC.

Fra Pacifico parti, c'est-à-dire le dé jeté, les deux jeunes gens se demandèrent comment ils allaient faire si les deux villes résistaient.

Ils avaient une espèce d'armée ; mais, comme ils ne possédaient que des couteaux et de mauvais fusils, et qu'ils manquaient de canons et de munitions de siége, cette armée ne pouvait rien contre des murailles.

En ce moment, on prévint Son Altesse royale monseigneur le duc de Calabre qu'un certain Jean-Baptiste Petrucci demandait audience. Dans le cas où monseigneur le duc de Calabre ne pourrait le recevoir, il désirait être au moins reçu par monseigneur le duc de Saxe, les nouvelles qu'il apportait étant de la plus haute importance.

Et, en effet, à une heure du matin, il eût été bien indiscret de déranger deux personnages si élevés pour des nouvelles ordinaires.

Don Jean-Baptiste Petrucci fut, à l'instant même, indroduit en présence des deux jeunes gens.

Don Jean-Baptiste Petrucci était inspecteur de la marine au nom de la république parthénopéenne. Il venait de recevoir l'ordre d'envoyer à Lecce un détachement de cavalerie et deux pièces de canon avec leurs caissons, leurs munitions et tous leurs accessoires.

Il venait offrir aux deux princes de leur donner ses cavaliers et ses canons, au lieu de les conduire à Lecce.

Il va sans dire que ceux-ci acceptèrent avec joie une offre qui leur arrivait en temps si opportun.

De Cesare nomma don Giovanni-Battista Petrucci inspecteur général de la marine, au lieu d'inspecteur ordinaire. Il lui donna un certificat de loyalisme à valoir autant que de droit, et qu'il signa de son faux nom ; puis, comme il fallait attendre le retour de fra Pacifico pour savoir ce que l'on pouvait espérer ou craindre de Tarente et de Martina, on résolut de marcher, afin de ne pas perdre de temps, sur Lecce, qui envoyait une députation pour demander des secours contre les républicains, et particulièrement contre un certain Fortunato Andreoli qui s'était emparé de la forteresse et avait organisé une garde civique, des chasseurs et des cavaliers.

Petrucci offrit d'être de l'expédition, afin de donner par sa présence du cœur à ses cavaliers.

On se mit à neuf heures du matin en route pour Lecce. Chemin faisant, on recueillit deux ou trois cents chasseurs qui s'enfuyaient de la ville, ne voulant pas servir contre leur opinion : ces hommes se réunirent à la petite armée bourbonienne, qui se trouva ainsi portée à plus de mille hommes.

De Cesare entra donc à Lecce avec une force imposante.

Andreoli s'était retiré dans le château et s'y était enfermé ; de Cesare le fit sommer de se rendre, et, sur son refus, donna l'ordre d'attaquer.

La résistance ne fut pas longue. Aux premiers coups de fusil, la garnison ouvrit une porte sur la campagne et s'enfuit par cette porte.

Cette victoire, quoique facile, n'en avait pas moins une grande importance. C'était la première rencontre qui avait lieu entre les royalistes et les républicains, et, aux premiers coups de fusil, les républicains avaient cédé la place.

Nous répétons avec intention : aux premiers coups

de fusil, car on n'avait pas pu se servir des canons. On avait de l'artillerie et pas d'artilleurs.

La joie fut grande. Toutes les cloches de Lecce et des environs se mirent en branle pour célébrer le triomphe de monseigneur le duc de Calabre, et l'on illumina la ville *à giorno*.

Le lendemain de la prise de Lecce, on vit arriver fra Pacifico, attiré par le bruit des cloches. Il avait accompli fidèlement et intelligemment sa mission dans les deux villes, et rapportait à la fois du bon et du mauvais.

Le bon était que Tarente était prête à ouvrir ses portes sans coup férir.

Le mauvais était que Martina était prête à se défendre jusqu'à la dernière extrémité.

On résolut alors de diviser la petite armée en deux troupes. L'une de ces troupes, sous la conduite de Boccheciampe, rallierait complétement Tarente au parti bourbonien; l'autre, sous la conduite de Cesare, marcherait lentement sur Martina, de manière à être rejointe par la colonne de Boccheciampe avant d'être arrivée sous les murs de la ville.

Tarente, comme l'avait prédit fra Pacifico, ouvrit ses portes sans même attendre les sommations militaires, et les habitants vinrent au-devant de Boccheciampe, portant en main la bannière royale; mais il n'en fut pas de même de Martina : la municipalité avait décrété la défense et mis à prix les têtes des deux princes, celle du duc de Calabre à trois mille ducats et celle du duc de Saxe à quinze cents.

Peut-être trouvera-t-on que c'était bien bon marché; mais la ville de Martina n'était point riche.

A un quart de lieue de la ville, la colonne de Boccheciampe rejoignit celle de Cesare, et, la jonction faite, on résolut de donner l'assaut à la ville, résolution presque téméraire, en l'absence, non pas d'artillerie, mais d'artilleurs.

On tenta donc, avant d'en venir aux mains, tous les moyens d'accommodement possibles.

En conséquence, on appela un trompette, on le fit monter à cheval et on lui donna pour les habitants de Martina une proclamation leur annonçant que les troupes royales, loin de vouloir commettre la moindre hostilité contre les Martinésiens, ne réclamaient d'eux autre chose que l'obéissance à leurs légitimes souverains; mais que, cependant, s'ils refusaient de satisfaire à cette juste demande, le sort des armes déciderait de la question.

Le trompette partit à cheval, suivi des yeux par toute l'armée bourbonienne et particulièrement par ses deux chefs; mais il ne put remplir sa mission; car, au moment où il arrivait à portée de la balle, une effroyable fusillade l'accueillit, et l'homme et le cheval roulèrent sur le pavé.

Mais le cheval seul était mort. L'homme se releva, et, quoique à cheval pour aller et à pied pour revenir, il revint plus vite qu'il n'était allé.

Les deux chefs ordonnèrent à l'instant même l'assaut et s'avancèrent contre la ville sous une grêle de balles, attaquant les postes avancés en dehors de la porte et les forçant à rentrer dans la ville.

Mais, en ce moment, une pluie diluvienne et une grêle effroyable vinrent au secours des assiégés et empêchèrent les troupes royales de profiter de leur victoire; puis, comme, immédiatement après la pluie, vint la nuit, force fut de remettre la continuation du siége au lendemain.

Fra Pacifico n'avait point pris part à l'action, mais n'était point demeuré oisif pour cela.

A Lecce, à Tarente, sur la route, partout, au nombre des volontaires qui s'étaient joints à la petite troupe, il s'était trouvé des moines.

Ces moines appartenaient presque tous aux ordres mineurs, c'est-à-dire à la règle de saint François.

Fra Pacifico, en mission de la part du cardinal, avait naturellement exercé sur eux une certaine suprématie. Il les avait, en conséquence, enrégimentés, et, pour que les deux pièces de canon ne restassent point oisives, organisés en artilleurs.

En conséquence, le soir même de l'escarmouche, au grand étonnement des deux chefs et à la grande édification de l'armée, on vit douze moines, attelés six par six aux deux pièces, et qui les traînaient sur une petite hauteur dominant la ville et s'élevant en face de la porte.

Le matin, au point du jour, les deux pièces de canon étaient en batterie.

De Cesare, voyant au point du jour ces dispositions prises par fra Pacifico, voulut visiter lui-même la batterie.

Là, tout fut expliqué d'un seul mot.

A bord de *la Minerve*, fra Pacifico, du temps qu'il y servait, avait été chef de pièce.

Non-seulement il s'était rappelé son ancien métier, mais encore, pendant les deux ou trois jours qui venaient de s'écouler, il l'avait appris aux moines qu'il avait enrôlés.

De Cesare le nomma, séance tenante, chef de l'artillerie.

Malgré cette amélioration dans son matériel, amélioration qui lui promettait la victoire, de Cesare voulut user de modération envers les Martinésiens et leur envoya un second parlementaire, porteur des mêmes instructions que le premier.

Mais, lorsqu'ils virent le parlementaire à portée de fusil, les Martinésiens firent feu sur lui, comme ils avaient fait feu sur le premier.

En réponse à cette fusillade, les deux pièces de fra Pacifico grondèrent, et, en grondant, semèrent sur les défenseurs des murs une pluie de mitraille qui les décima.

A cette reconnaissance d'une artillerie ignorée qui tout à coup, et sans avoir crié gare, s'était mêlée à la conversation et avait couché sur le carreau une douzaine d'entre eux, il y eut dans les rangs des assiégés un moment d'hésitation.

Les deux chefs royalistes en profitèrent.

Corses tous deux et braves comme des Corses, ils oublièrent leur prétendue grandeur qui eût dû les attacher au rivage, et, une hache à la main, s'élancèrent contre les portes, qu'ils se mirent à enfoncer.

Toute l'armée les suivit avec enthousiasme; les Calabrais n'avaient jamais entendu dire que les princes fissent, pendant les siéges, la besogne des pionniers, et les capucins celle des artilleurs. La porte fut enfoncée du coup, et, de Cesare et Boccheciampe en tête, la petite armée entra dans la ville comme un torrent qui a brisé sa digue.

Les Martinésiens essayèrent d'arrêter ce flot humain, de tenir dans les maisons, de défendre les places, de se fortifier dans les églises. Poursuivis pied à pied, fusillés à bout portant, ils ne purent se rallier, et, forcés de traverser la ville en courant, ils sortirent en désordre, en fugitifs, par le côté opposé à celui où les bourboniens étaient entrés.

Un seul groupe de républicains se rallia autour de l'arbre de la liberté, et s'y fit tuer depuis le premier jusqu'au dernier.

L'arbre fut abattu comme ses défenseurs, coupé en morceaux, mis en bûcher, et servit à brûler les morts, et, avec eux, quelque peu de vivants.

Cette fois encore, de Cesare et Boccheciampe firent ce qu'ils purent pour arrêter le carnage; mais il y avait parmi les vainqueurs une telle animation, qu'ils réussirent moins bien que dans les autres villes.

La chute d'Aquaviva suivit celle de Martina, et nos deux aventuriers croyaient toutes choses apaisées dans les provinces, lorsqu'ils apprirent que Bari, malgré l'exemple fait sur Martina et sur Aquaviva, venait de proclamer le gouvernement républicain et avait juré de le maintenir.

La chose lui était d'autant plus facile qu'elle avait reçu par mer un secours de sept à huit cent Français.

De Cesare et Boccheciampe en étaient à se demander s'ils devaient attaquer Bari malgré ce renfort, ou, laissant derrière eux la révolution soutenue par les baïonnettes françaises, se rendre à l'ordre du cardinal en le rejoignant.

Sur ces entrefaites, ils apprirent que les Français avait quitté Bari et s'avançaient sur Casa-Massima. Ils savaient que la colonne française comptait sept cents hommes seulement. L'armée bourbonienne en comptait près de deux mille, c'est-à-dire une force presque triple. Ils résolurent de risquer une rencontre avec les troupes régulières. C'était, d'ailleurs, une extrémité à laquelle il fallait toujours arriver.

Mais, pour s'assurer plus certainement encore l'avantage, les deux amis décidèrent de surprendre les Français dans une embuscade qu'ils établiraient sur leur chemin. Ils disséminèrent donc leurs troupes. Boccheciampe laissa mille hommes à de Cesare, et, avec mille hommes, s'avança sur la route de Monteroni.

Il trouva dans la vallée un lieu propre à une embuscade et s'y établit avec sa troupe.

De Cesare, au contraire, se tint en vue sur la colline de Casa-Massima, espérant attirer les regards sur lui et les distraire ainsi de l'embuscade de Boccheciampe.

Boccheciampe devait attaquer les Français, et de Cesare profiter du désordre que cette attaque causerait dans leurs rangs pour tomber sur eux et achever de les mettre en déroute.

De Cesare avait levé à Martina et à Aquaviva une contribution de douze chevaux qu'il avait donnés à fra Pacifico pour son artillerie, toujours servie par ses douze moines, qui, exercés trois fois par jour, étaient devenus d'excellents artilleurs.

Cette fois, on plaça fra Pacifico et ses canons sur la grande route, afin qu'il pût se porter partout où besoin serait, et l'on attendit.

Tout arriva comme on l'avait prévu, excepté le dénoûment. Les Français, préoccupés de Cesare et de ses hommes, qu'ils apercevaient au haut de la colline de Casa-Massima, donnèrent en plein dans l'embuscade de Boccheciampe. Attaqués vigoureusement et ne sachant point d'abord à qui ils avaient affaire, il y eut dans leurs rangs un mouvement d'hésitation; mais, reconnaissant quelle espèce d'ennemis ils avaient à combattre, ils se massèrent au sommet d'une colline appuyée à un bois, et, de là, soutenus par leur artillerie, ils marchèrent contre Boccheciampe au pas de charge, tête baissée, la baïonnette en avant.

En ce moment, le hasard voulut que le bruit se

répandit parmi les bourboniens qu'une forte colonne de patriotes sortait de Bari pour les prendre à revers.

Alors, tout fut dit. Les gardes armés, les campieri, les chasseurs de Lecce furent les premiers à prendre la fuite, et leur exemple fut suivi par le reste de la colonne.

Ce fut en vain que de Cesare, à la tête de quelques cavaliers restés fidèles, se précipita au milieu de la mêlée : il ne put rallier les fuyards.

Une invincible panique s'était emparée de ses hommes. Par bonheur pour les deux aventuriers, les Français, si vigoureusement attaqués, crurent, en voyant cesser non-seulement toute attaque, mais encore toute résistance, à quelque ruse de guerre ayant pour but de les attirer dans une seconde embuscade, et s'arrêtèrent court d'abord, puis ne reprirent leur marche que pas à pas, avec les plus grandes précautions.

Mais bientôt, reconnaissant que c'était une vraie déroute, la cavalerie républicaine se mit à la poursuite des vaincus. Au moment où elle arriva sur la grande route, fra Pacifico la salua de deux coups de canon à mitraille, qui lui tua quelques chevaux et quelques hommes; et, moins un caisson qu'il renversa en y plaçant une mèche communiquant avec une traînée de poudre, il enleva au grand galop le reste de son artillerie.

Or, le hasard ou un calcul juste de fra Pacifico, voulut qu'au moment même où, pour ne point se heurter au caisson renversé et barrant la route, les dragons se séparaient en deux files, chacune suivant un revers du chemin, le feu se communiquât de la mèche à la traînée de poudre et de la traînée de poudre au caisson, qui éclata avec un effroyable bruit, en mettant en lambeaux les chevaux et les hommes qui se trouvèrent à portée de ses débris.

La poursuite s'arrêta là. Les Français craignirent quelque nouveau guet-apens du même genre, et les bourboniens purent se retirer sans être inquiétés.

Mais le prestige qui s'attachait à leur mission divine était détruit. A la première lutte avec les troupes républicaines, quoique trois fois supérieurs en nombre à celles-ci, ils avaient été vaincus.

Des deux mille hommes qu'avaient les deux jeunes gens avant le combat, il leur en restait à peine cinq cents.

Les autres s'étaient dispersés.

Il fut convenu que de Cesare, avec quatre cents hommes, irait rejoindre le cardinal, et que Boccheciampe, avec cent hommes, se rendrait à Brindisi pour tâcher d'y réorganiser une colonne avec laquelle il rejoindrait à son tour le gros de l'armée sanfédiste.

Fra Pacifico, les deux pièces de canon, le caisson qu'il avait sauvés et ses douze moines restaient attachés à la colonne de Cesare.

Les deux amis s'embrassèrent, et, dès le même soir, prirent le chemin qui devait conduire chacun d'eux à sa destination.

XLI

NICCOLA ADDONE

Nous avons raconté comment Salvato avait été envoyé par le général Championnet à Salerne dans le but d'organiser et de diriger une colonne sur Potenza, où l'on craignait une réaction et les malheurs terribles qui l'accompagnent toujours dans un pays à demi sauvage où les guerres civiles ne sont que des prétextes aux vengeances particulières.

Quoique les événements de Potenza appartiennent plutôt à l'histoire générale de 99 qu'au récit particulier que nous avons entrepris, lequel ne met sous les yeux de nos lecteurs que les faits et gestes des personnages qui y jouent un rôle, — comme ces événements ont le caractère terrible, et de l'époque dans laquelle ils ont été accomplis et du peuple chez lequel ils se passent, nous leur consacrerons un chapitre, auquel ils ont un double droit, et par la grandeur de la catastrophe et par l'influence néfaste que le voyage qui amena la révélation par Michele du complot des Backer, eut sur la vie de l'héroïne de notre histoire.

En rentrant de cette soirée chez la duchesse Fusco, où les vers de Monti avaient été lus, où le *Moniteur parthénopéen* avait été fondé et où le perroquet de la duchesse avait, grâce à ses deux professeurs, Velasco et Nicolino, appris à crier : « Vive la République ! meurent les tyrans ! » le général Championnet avait trouvé au palais d'Angri un riche propriétaire de la Basilicate nommé Niccola Addone.

Don Niccola Addone, comme on l'appelait dans le pays, par un reste d'habitude de mœurs espagnoles, habitait Potenza et avait pour ami intime l'évêque monseigneur Serrao.

Monseigneur Serrao, Calabrais d'origine, s'était fait dans l'épiscopat une double renommée de science et de vie exemplaire. Il avait acquis l'une par des publications estimées et l'autre par sa charité évangélique. Doué d'un sens juste, d'une âme généreuse, il avait salué la liberté comme l'ange du peuple promis par les Évangiles, et propagé le mouvement libéral et la doctrine régénératrice.

Mais l'azur de ce beau ciel républicain, à peine à son aurore, commençait déjà à s'obscurcir. De toutes parts des bandes de sanfédistes. s'organisaient. Le dévouement aux Bourbons était le prétexte ; le pillage et l'assassinat étaient le but. Monseigneur Serrao, qui avait compromis ses concitoyens par son exemple et par ses conseils, avait résolu de pourvoir au moins à leur sûreté.

Alors, il eut l'idée de faire venir de Calabre, c'est-à-dire de son pays, une garde de ces hommes d'armes connus sous le nom de campieri, restes de ces bandes du moyen âge, qui, aux jours de la féodalité, se mettaient à la solde des haines et des ambitions baroniales, descendants ou, qui sait? peut-être ancêtres de nos anciens condottieri.

Le pauvre évêque croyait avoir dans ces hommes, ses compatriotes, surtout en les payant bien, des défenseurs courageux et dévoués.

Par malheur, quelque temps auparavant, monseigneur Serrao avait censuré la conduite d'un de ces mauvais prêtres, dont il y a tant dans les provinces méridionales, qu'ils espèrent toujours échapper aux regards de leurs supérieurs en se confondant dans la foule. Ce prêtre s'appelait Angelo-Felice Vinciguerra.

Il était du même village que l'un des deux chefs de campieri, nommé Falsetta.

Le second chef se nommait Capriglione.

Le prêtre avait été lié dans son enfance avec Falsetta, et se lia de nouveau avec lui.

Il fit comprendre à Falsetta que la paye que lui donnait monseigneur Serrao, si forte qu'elle fût, ne pouvait se comparer à ce que lui rapporteraient les contributions qu'il pourrait lever et le pillage qu'il pourrait faire, si Capriglione et lui, au lieu de se consacrer au maintien du bon ordre, se faisaient, grâce aux hommes qu'ils avaient sous leurs ordres, chefs de bande et se rendaient maîtres de la ville.

Falsetta, entraîné par les conseils de Vinciguerra, fit part de la proposition à Capriglione, qui l'accepta.

Les hommes, on le comprend, ne résistèrent point où avaient succombé leurs chefs.

Un matin, monseigneur Serrao, étant encore au lit, vit ouvrir sa porte, et Capriglione, son fusil à la main, apparaissant sur le seuil de sa chambre, lui dit sans autre préparation :

— Monseigneur, le peuple veut votre mort.

L'évêque leva la main droite, et, faisant le geste d'un homme qui donne sa bénédiction :

— Je bénis le peuple, dit-il.

Sans lui laisser le temps de rien ajouter à ces paroles évangéliques, le bandit le coucha en joue et fit feu.

Le prélat, qui s'était soulevé pour bénir son assassin, retomba mort, la poitrine percée d'une balle.

Au bruit du coup de fusil, le vicaire de monseigneur l'évêque Serrao accourut, et, comme il témoignait son indignation du meurtre qui venait d'être commis, Caprioglione le tua d'un coup de couteau.

Ce double assassinat fut presque immédiatement suivi de la mort de deux des propriétaires les plus riches et les plus distingués de la ville.

Ils se nommaient Gerardangelo et Giovan Liani.

Ils étaient frères.

Ce qui donna créance à ce bruit que l'assassinat de monseigneur Serrao avait été commis par Capriglione, mais à l'instigation du prêtre, c'est que, le lendemain du crime, le susdit Vinciguerra se réunit à la bande de Caprigliope, et contribua avec elle à plonger Potenza dans le sang et le deuil.

Alors, libéraux, patriotes, républicains, tous ceux

qui, par un point quelconque, appartenaient aux idées nouvelles, furent pris d'une profonde terreur, laquelle s'augmenta encore du bruit qui courut que, le jour où devait se célébrer la fête du Sang-du-Christ, c'est-à-dire le jeudi d'après Pâques, les brigands, devenus maîtres de la ville, devaient massacrer, au milieu de la procession, non-seulement tous les patriotes, mais encore tous les riches.

Le plus riche de ceux qui étaient menacés par ce bruit qui courait, et en même temps un des plus honnêtes citoyens de la ville, était ce même Niccola Addone, ami de monseigneur Serrao, qui attendait le général français chez lui, à sa sortie de la soirée de la duchesse Fusco. C'était un homme brave et résolu, et il décida, d'accord avec son frère Basilio Addone, de purger la ville de cette troupe de bandits.

Il fit donc appeler chez lui ceux de ses amis qu'il estimait les plus courageux. Au nombre de ceux-ci se trouvaient trois hommes dont la tradition orale a conservé les noms, qui ne se retrouvent dans aucune histoire.

Ces trois hommes se nommaient : Giuseppe Scafanelli, Jorio Mandiglia et Gaetano Maffi.

Sept ou huit autres entrèrent aussi dans la conspiration ; mais j'ai inutilement interrogé les plus vieux habitants de Potenza pour savoir leurs noms.

Rassemblés chez Niccola Addóne, fenêtres et portes closes, ces patriotes arrêtèrent que l'on anéantirait d'un seul coup Capriglione, Falsetta et toute leur bande, depuis le premier jusqu'au dernier.

Pour arriver au but que l'on se proposait, il s'agissait de se réunir en armes, moitié dans la maison d'Addone, moitié dans la maison voisine.

Les bandits eux-mêmes, comme s'ils eussent été d'accord avec ceux-ci, fournirent aux patriotes l'occasion qui leur manquait.

Ils levèrent une contribution de trois mille ducats sur la ville de Potenza, laissant aux citoyens le soin de régler la façon dont elle serait répartie et payée, pourvu qu'elle fût payée dans les trois jours.

La contribution fut levée et déposée publiquement dans la maison de Niccola Addone.

Un homme du peuple, nommé Gaetano Scoletta, cordonnier de son état, connu sous le sobriquet de Sarcetta, se chargea de porter à domicile, chez les bandits, une invitation de venir recevoir chez Addone chacun la part qui lui revenait.

Les heures du rendez-vous étaient différentes pour chaque bandit, afin que la compagnie ne vînt point en masse, ce qui eût rendu l'exécution du projet difficile.

Scoletta, tout en bavardant avec les bandits, était chargé de leur faire la topographie intérieure de la maison et de leur dire, entre autres choses, que la caisse, de crainte des voleurs, était placée à l'extrémité la plus retirée de l'habitation.

Le jour arrivé, Niccola Addone fit cacher dans une espèce de cabinet précédant la chambre où Scoletta avait dit que se tenait le caissier, deux vigoureux muletiers attachés à son service, et se nommant, l'un Loreto et l'autre Sarraceno.

Ces deux hommes se tenaient, une hache à la main, chacun d'un côté d'une porte basse sous laquelle on ne pouvait passer sans courber la tête.

Les deux haches, solidement emmanchées, avaient été achetées la veille et affilées pour cette occasion.

Tout fut prêt et chacun au poste qui lui avait été assigné un quart d'heure avant l'heure convenue.

Les premiers bandits arrivèrent un à un et furent introduits aussitôt leur arrivée. Après avoir traversé un long corridor, ils arrivèrent à la chambre où se tenaient Loreto et Sarraceno.

Ceux-ci frappaient et, d'un seul coup, abattaient leur homme avec autant de justesse et de promptitude que le boucher abat un bœuf dans sa boucherie.

Au moment même où le bandit tombait, deux autres domestiques d'Addone, nommés Piscione et Musano, faisaient passer le cadavre à travers une trappe.

Le cadavre tombait dans une écurie.

Aussitôt le cadavre disparu, une vieille femme, impassible comme une Parque, sortait d'une chambre voisine, un seau d'eau d'une main, une éponge de l'autre, lavait le plancher, et rentrait dans sa chambre avec le mutisme et la roideur d'un automate.

Le chef Capriglione vint à son tour. Basilio Addone, frère de Niccola, le suivit par derrière comme pour lui indiquer les détours de la maison ; mais, au milieu du corridor, le bandit, inquiet et soupçonneux, eut sans doute un pressentiment. Il voulut retourner. Alors, sans insistance pour le faire aller plus avant, sans discussion aucune avec lui, au moment où il se retournait, Basilio Addone lui plongea jusqu'au manche son poignard dans la poitrine.

Capriglione tomba sans pousser un cri. Basilio le tira dans la première chambre venue, et, s'étant assuré qu'il était bien mort, l'y enferma et mit tranquillement la clef dans sa poche.

Quant à Falsetta, il avait eu un des premiers la tête fendue.

Seize des brigands, leurs deux chefs compris, étaient déjà tués et jetés dans le charnier, lorsque les autres, voyant leurs camarades entrer et ne les voyant pas sortir, formèrent une petite troupe, et, guidés par Gennarino, le fils de Falsetta, vinrent pour frapper à la porte d'Addone.

Mais ils n'eurent pas même le temps de frapper à cette porte. Au moment où ils n'étaient plus qu'à une quinzaine de pas de la maison, Basilio Addone, qui se tenait en vedette à une fenêtre, avec cette même main ferme et ce même coup d'œil sûr dont il avait frappé Capriglione, envoya une balle au milieu du front de Gennarino.

Ce coup de fusil fut le signal d'une horrible mêlée. Les conjurés, comprenant que le moment était venu de payer chacun de sa personne, se lancèrent dans la rue, et, à visage découvert cette fois, attaquèrent les brigands avec une telle fureur, que tous y restèrent depuis le premier jusqu'au dernier.

On compta trente-deux cadavres. Pendant la nuit, ces trente-deux cadavres furent portés et couchés les uns à côté des autres sur la place du Marché, de manière qu'au lever du jour, toute la ville pût avoir sous les yeux ce sanglant spectacle.

Mais, dès la veille, Niccola Addone était parti, était venu raconter l'événement à Championnet et lui demander d'envoyer une colonne française à Potenza pour y maintenir l'ordre et s'opposer à la réaction.

Championnet, après avoir écouté le récit de Niccola Addone, avait, en effet, reconnu l'urgence de sa demande, avait chargé Salvato d'organiser la colonne à Salerne et avait donné le commandement de cette colonne à son aide de camp Villeneuve.

XLII

LE VAUTOUR ET LE CHACAL

En revenant de Salerne et en rentrant dans le cabinet du général Championnet, auquel il apportait la nouvelle du débarquement du cardinal Ruffo en Calabre, Salvato y trouva deux personnages qui lui étaient complétement inconnus et au milieu desquels il crut reconnaître, à son sourcil froncé et à sa lèvre dédaigneusement abaissée, que le général en chef se trouvait assez mal à l'aise.

L'un portait le costume des grands fonctionnaires civils, c'est-à-dire l'habit bleu sans épaulettes et sans broderies, la ceinture tricolore, la culotte blanche, les bottes à retroussis et le sabre; l'autre, le costume d'adjudant-major.

Le premier était le citoyen Faypoult, chef d'une commission civile envoyée à Naples pour toucher les contributions et s'emparer de ce que les Romains appelaient les dépouilles opimes.

Le second était le citoyen Victor Mejean, que le Directoire venait de nommer à la place de Thiébaut, fait adjudant général par Championnet devant la porte Capuana, au mépris de la présentation que le général avait faite pour occuper ce poste de son aide de camp Villeneuve, occupé à cette heure à protéger les patriotes de Potenza et particulièrement Niccola et Basilio Addone, les deux principaux auteurs de la dernière catastrophe.

Le citoyen Faypoult était un homme de quarante-cinq ans, grand, mince, courbé en avant, comme sont d'habitude les hommes de bureau et de chiffres; il avait le nez d'un oiseau de proie, les lèvres minces, la tête étroite au front, renflée à la partie postérieure, le menton saillant, les cheveux courts, les doigts plats à leur extrémité.

Le citoyen Mejean était un homme de trente-deux

ans, au front plissé par des rides verticales qui, partant de la naissance du nez, indiquent l'homme soucieux et facile à se laisser aller aux mauvaises pensées; son œil, qui, dans certains moments, s'éclairait d'une lueur d'envie, de haine ou de colère s'éteignait habituellement par un effort de sa volonté. Il avait une certaine gaucherie sous son uniforme, et cela s'expliquait quand on savait qu'il avait trouvé, un beau matin, ses épaulettes d'adjudant-major sous l'oreiller d'une des nombreuses maîtresses de Barras, forcé lui-même de le renvoyer de ses bureaux pour certaine irrégularité dans ses comptes et de le faire passer dans l'armée, non point comme un brave et loyal serviteur auquel on donne un noble avancement, mais comme un employé infidèle que l'on punit par l'exil.

En entendant ouvrir la porte de son cabinet par une main connue, pour ainsi dire, Championnet se retourna, et, en apercevant la figure à la fois franche et sévère de Salvato, sa physionomie passa de l'expression du dédain à celle de la raillerie.

— Mon cher Salvato, lui dit-il, j'ai l'honneur de vous présenter M. le colonel Mejean, qui remplace notre brave Thiébaut, passé adjudant général, comme vous le savez, sur le champ de bataille. J'avais demandé ce poste pour notre cher Villeneuve, qui n'en a pas été jugé digne par MM. les directeurs. Ils avaient des services particuliers à récompenser dans monsieur, et l'ont préféré. Nous trouverons pour Villeneuve autre chose de mieux. Voici votre brevet, citoyen Mejean. Je ne puis ni ne veux m'opposer aux décisions du Directoire lorsqu'elles ne compromettent point l'intérêt de l'armée que je commande et celui de la France. Remarquez bien que je ne dis pas : *et celui du gouvernement*; je dis : *et celui de la France*, que je sers. Car je sers la France avant tout. Les gouvernements passent, — et, Dieu merci, depuis dix ans, j'en ai vu passer pas mal, sans compter ceux que probablement je verrai passer encore, — mais la France reste. Allez, monsieur, allez prendre votre poste.

Le colonel Mejean fronça le sourcil, selon son habitude, pâlit légèrement, et, sans répondre une seule parole, salua et sortit.

Le général attendit que la porte se refermât derrière celui qui sortait, fit à Salvato un signe perceptible pour lui seul, et, se retournant vers l'autre envoyé du Directoire :

— Maintenant, mon cher Salvato, continua-t-il, je vous présente M. Jean-Baptiste Faypoult, chef de commission civile. Il a eu le dévouement d'accepter une lourde et incommode mission, surtout dans ce pays-ci ; il est chargé de lever les contributions, et, en outre, de veiller à ce que je ne me fasse ni César ni Cromwell. Je ne crois point, d'après les aperçus donnés par monsieur, que nous restions longtemps d'accord. Si nous nous brouillons tout à fait, — et nous avons déjà commencé de nous brouiller un peu, — il faudra que l'un de nous deux quitte Naples. (Salvato fit un mouvement.) Et tranquillisez-vous, mon cher Salvato, celui qui quittera Naples, à moins, bien entendu, d'ordres supérieurs, ce ne sera pas moi. En attendant, ajouta Championnet en s'adressant à Faypoult, ayez la bonté de me laisser les instructions de MM. les directeurs. Je les étudierai à tête reposée. Je vous aiderai dans l'exécution de celles que je croirai justes; mais, je vous en préviens, je m'opposerai de tout mon pouvoir à l'exécution de celles que je croirai injustes. Et, maintenant, citoyen, ajouta Championnet allongeant la main pour recevoir les instructions du chef de la commission civile, croyez-vous que ce soit trop de vous demander quarante-huit heures pour étudier vos instructions ?

— Ce n'est pas à moi, répondit le citoyen Jean-Baptiste Faypoult, à limiter au général Championnet le temps qu'il doit mettre à cette étude; mais je me permettrai de lui dire que le Directoire est pressé, et que le plus tôt qu'il me permettra de remplir les intentions de mon gouvernement sera le mieux.

— C'est convenu. Il n'y a pas péril en la demeure, et quarante-huit heures de retard ne compromettront pas le salut de l'État; je l'espère, du moins.

— Ainsi donc, général?...

— Ainsi donc, après-demain, à la même heure, citoyen commissaire. Je vous attendrai, si vous le voulez bien.

Faypoult salua et sortit, non pas humble et muet comme Mejean, mais bruyant et gros de menaces, comme Tartufe signifiant à Orgon que sa maison lui appartient.

Championnet se contenta de hausser les épaules.

Puis, à son jeune ami :

— Ma foi, Salvato, lui dit-il, vous ne m'avez quitté qu'un moment, et, à votre retour, vous me retrouvez entre deux méchants animaux, entre un vautour et un chacal. Pouah !

— Vous savez, mon cher général, dit en riant Salvato, que vous n'avez qu'un mot à dire pour que je mette la main sur l'un et le pied sur l'autre.

— Vous allez rester avec moi, n'est-ce pas, mon cher Salvato, afin que nous visitions ensemble les écuries d'Augias? Je crois bien que nous ne les nettoierons pas; mais enfin nous empêcherons peut-être qu'elles ne débordent chez nous.

— Volontiers, répondit Salvato, et vous savez que je suis tout à vos ordres. Mais j'ai deux nouvelles de la plus haute importance à vous annoncer.

— Ce serait qu'il vous arrive un grand bonheur, mon cher Salvato, que cela me réjouirait, mais ne m'étonnerait pas. Vous avez le visage rayonnant.

Salvato tendit en souriant la main à Championnet.

— Oui, en effet, dit-il, je suis un homme heureux; mais les nouvelles que j'ai à vous annoncer sont des nouvelles politiques, dans lesquelles mon bonheur ou mon malheur n'est pour rien. Son Éminence le cardinal Ruffo a traversé le détroit et est débarqué à Catona. Il paraît, en outre, que le duc de Calabre, de son côté, a contourné la botte, et, tandis que Son Éminence débarquait au cou-de-pied, il débarquait, lui, au talon, c'est-à-dire à Brindisi.

— Diable! fit Championnet, voilà, comme vous le dites, de graves nouvelles, mon cher Salvato. Les croyez-vous fondées?

— Je suis sûr de la première, la tenant de l'amiral Caracciolo, qui, ce matin, a débarqué à Salerne, venant de Catona, où il a vu le cardinal Ruffo, au milieu de trois ou quatre cents hommes, la bannière royale déployée au balcon de la maison qu'il habitait et prêt à partir pour Palmi et pour Mileto, où il a donné rendez-vous à ses recrues. Quant à la seconde, je la tiens de lui aussi ; seulement, il ne me l'a pas affirmée, il en doute lui-même, ne croyant pas le duc de Calabre capable d'un tel acte de vigueur. Dans tous les cas, ce qu'il y a de certain, c'est que, quelle que soit la bouche qui souffle l'incendie, la Calabre ultérieure et toute la Terre d'Otrante sont en feu.

En ce moment, le planton entra et annonça le ministre de la guerre.

— Faites entrer, dit vivement Championnet.

A l'instant même, Gabriel Manthonnet fut introduit.

L'illustre patriote avait eu, quelques jours auparavant, avec le général en chef, à propos des dix millions stipulés dans la trêve de Sparanisi, et qui n'étaient point encore payés, un démêlé assez grave ; mais, en face des nouvelles importantes que le ministre de la guerre venait de recevoir, de son côté, tout ressentiment avait disparu, et il accourait à Championnet comme à un supérieur militaire, comme à un maître en politique, venant lui demander des avis, au besoin même des ordres.

— Venez vite, lui dit Championnet en lui tendant la main avec sa loyauté et sa franchise ordinaires : vous êtes le bienvenu, j'allais vous envoyer chercher.

— Vous savez ce qui se passe?

— Oui; car je pense que vous voulez parler du double débarquement, en Calabre et dans la Terre d'Otrante, du cardinal Ruffo et du duc de Calabre?

— C'est justement cette nouvelle qui m'amène chez vous, mon cher général. L'amiral Caracciolo, de qui je la tiens, arrive de Salerne et m'a raconté y avoir trouvé le citoyen Salvato et lui avoir tout dit.

Salvato s'inclina.

— Et le citoyen Salvato, dit Championnet, m'a déjà tout répété. Maintenant, voyons, il s'agit d'expédier vivement des hommes, et des hommes sûrs, à la rencontre de l'insurrection, afin de l'enfermer dans la Calabre ultérieure et la Terre d'Otrante. Si nous pouvons la laisser bouillir dans sa propre marmite, peu nous importe le bouillon qu'elle y fera. Mais il faut tâcher que, d'un côté, elle ne dépasse point Catanzaro, et, de l'autre, Altamura. Je vais donner l'ordre à Duhesme et à six mille Français de partir pour la Pouille. Voulez-vous lui adjoindre un de vos généraux et un corps napolitain?

— Ettore Caraffa, si vous le voulez, général,

avec mille hommes. Seulement, je vous préviens qu'Ettore Caraffa voudra marcher à l'avant-garde.

— Tant mieux! il aimera mieux avoir à soutenir nos Napolitains, répondit Championnet avec un sourire, que d'être soutenu par eux. Voilà pour la Pouille.

— N'avez-vous pas une colonne dans la Basilicate?

— Oui; Villeneuve est avec six cents hommes à Potenza. Mais je vous avoue franchement que je me soucie peu de faire battre mes Français contre un cardinal. En supposant une victoire, elle sera sans gloire; en supposant une défaite, elle sera honteuse. Envoyez là des Napolitains, des Calabrais, si vous pouvez; outre le courage, ils ont la haine.

— J'ai votre homme, général, ou plutôt notre homme : c'est Schipani.

— J'ai causé avec lui deux fois. Il m'a paru plein de courage et de patriotisme, mais bien inexpérimenté.

— C'est vrai, mais, en temps de révolution, les généraux s'improvisent. Vos Hoche, vos Marceau, vos Kléber sont des généraux improvisés et n'en sont point de plus mauvais généraux pour cela. Nous mettrons sous les ordres de Schipani douze cents Napolitains et nous le chargerons de recueillir et d'organiser tous les patriotes qui fuient ou qui doivent fuir devant le cardinal et ses bandits... Le premier corps, ajouta Manthonnet, c'est-à-dire Duhesme avec ses Français, Caraffa avec ses Napolitains, après avoir soumis la Pouille, pénétrera dans la Calabre, tandis que Schipani, avec ses Calabrais, se bornera à maintenir Ruffo et ses sanfédistes. Le but de Caraffa sera de vaincre; le but de Schipani, de résister. Seulement, général, vous recommanderez à Duhesme de vaincre bien vite, et nous nous en rapportons à lui pour cela, attendu qu'il nous faut le plus vite possible reconquérir notre mère nourrice, la Pouille, que les bourboniens par terre et les Anglais par mer empêchent de nous envoyer ses blés et sa farine. Quand pourrez-vous nous donner Duhesme et ses six mille hommes, général?

— Demain, ce soir, aujourd'hui !... Comme vous le dites, le plus tôt sera le mieux. Quant aux Abruzzes, ne vous en inquiétez point; elles sont contenues par les postes français de la ligne d'opérations entre la Romagne et Naples et par les forts de Civitella et de Pescara.

— Alors, tout va bien. Quant au général Duhesme?

— Salvato, dit Championnet, vous préviendrez Duhesme, de ma part, qu'il ait à s'entendre immédiatement avec le comte de Ruvo et qu'il se tienne prêt à partir ce soir. Vous ajouterez que j'espère qu'il ne partira point sans me faire voir son plan et prendre non pas mes ordres, mais mes avis.

— Eh bien, de mon côté, dit Manthonnet, je vais lui envoyer Hector.

— A propos, reprit Championnet, un mot !

— Dites, général.

— Êtes-vous d'avis que l'on tienne ces nouvelles secrètes, ou que l'on dise tout au peuple ?

— Je suis d'avis que l'on dise tout au peuple. Le gouvernement que nous venons de renverser était celui de la ruse et du mensonge, il faut que le nôtre soit celui de la droiture et de la vérité.

— Faites, mon ami, dit Championnet. Peut-être ce que vous faites est-il d'un mauvais politique, mais c'est d'un bon, brave et honnête citoyen.

Et, tendant une main à Salvato, l'autre à Manthonnet, il les suivit des yeux jusqu'à ce que la porte fût fermée derrière eux, et, laissant sa figure prendre l'expression du dégoût, il s'allongea dans un fauteuil, ouvrit les instructions de Faypoult et, en haussant les épaules, il commença de les lire avec une attention remarquable.

FIN DU TOME DEUXIÈME

TABLE

XXIII.	— Un grain	1
XXIV.	— La tempête	19
XXV.	— Où le roi recouvre enfin l'appétit	33
XXVI.	— Quelle était la grâce qu'avait à demander le pilote	67
XXVII.	— La royauté à Palerme	81
XXVIII.	— Les nouvelles	94
XXIX.	— Comment le prince héréditaire pouvait être à la fois en Sicile et en Calabre	105
XXX.	— Diplôme du cardinal Ruffo	122
XXXI.	— Le premier pas vers Naples	133
XXXII.	— Eleonora Fonseca Pimentel	152
XXXIII.	— André Backer	175
XXXIV.	— Le secret de Luisa	190
XXXV.	— Michele le Sage	223
XXXVI.	— Les scrupules de Michele	232
XXXVII.	— L'arrestation	247
XXXVIII.	— L'apothéose	255
XXXIX.	— Les sanfédistes	266
XL.	— Où le faux duc de Calabre fait ce qu'aurait dû faire le vrai duc	289
LXI.	— Niccola Addone	302
LXII.	— Le vautour et le chacal	312

Poissy. — Typ. S. Lejay et Cie.

www.ingramcontent.com/pod-product-compliance
Lightning Source LLC
Chambersburg PA
CBHW060352170426
43199CB00013B/1846